家庭美術館‧美術家傳記叢書

大漠‧鄉野／高一峰

國立台灣美術館 策劃　　藝術家出版社 執行

照耀歷史的美術家風采

「家庭美術館——美術家傳記叢書」於
民國八十一年起陸續策劃編印出版，網
羅二十世紀以來活躍於藝術界的前輩美
術家，涵蓋面遍及視覺藝術諸領域，累
積當代人對前輩美術家成就的認知與肯
定，闡述彼等在我國美術史上承先啟後
的貢獻，是重要的藝術經典，同時，更
是大眾了解臺灣美術、認識臺灣美術家
的捷徑，也是學子及社會人士閱讀美術
家創作精華的最佳叢書。

美術家的創作結晶，對國家社會以及人
生都有很重要的價值。優美的藝術作
品能美化國家社會的環境，淨化人類的
心靈，更是一國文化的發展指標，而出
版「美術家傳記」則是厚實文化基底的
重要工作，也讓中華民國美術發展的結
晶，成為豐饒的文化資產。

Artistic Glory Illuminates History

In order to organize the historical archives of Taiwan art, *My Home, My Art Museum: Biographies of Taiwanese Artists*, a consecutive series that recounts the stories of various senior artists in visual arts in the 20th century, has been compiled and published since 1992. Accumulating recognition and acknowledgement for their achievement and analyzing their contributions to the development of art in our country, it is also a classical series of Taiwan art, a shortcut to understand the spirit and Taiwanese artists, and a good way for both students and non-specialists to look into the world of creative art.

Art creation has important value for the country and society from which it crystallizes, and for the individuals who create or appreciate it. More than embellishing our environment and cleansing our minds, a fine work of art serves as an index of the cultural status of a country. Substantiating the groundwork of our cultural progress, the publication of these artist biographies consolidates the fine arts development in the Republic of China, turning it into a fecund cultural heritage.

Kao Yi-feng

目次 CONTENTS

家庭美術館·美術家傳記叢書
大漠·鄉野 高一峰

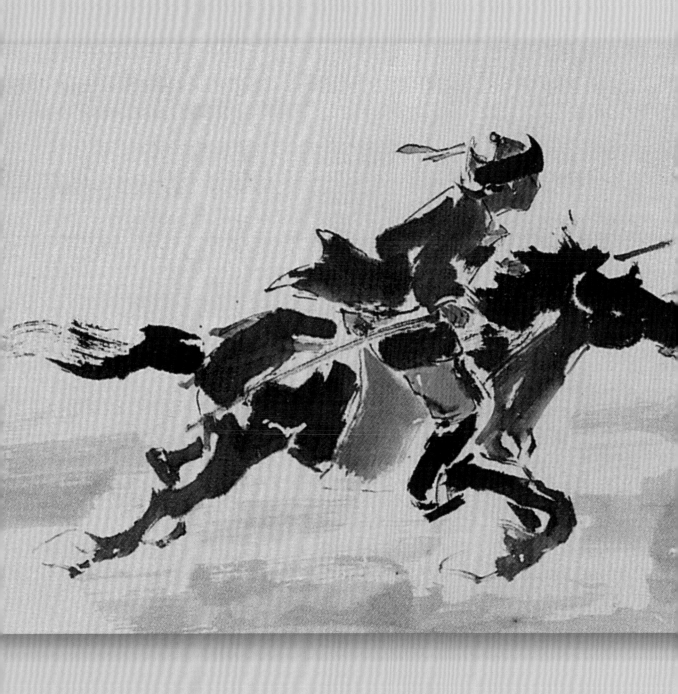

高一峰，〈人馬〉（局部），1956，水墨、紙，30.5×117.3cm，臺北市立美術館典藏。

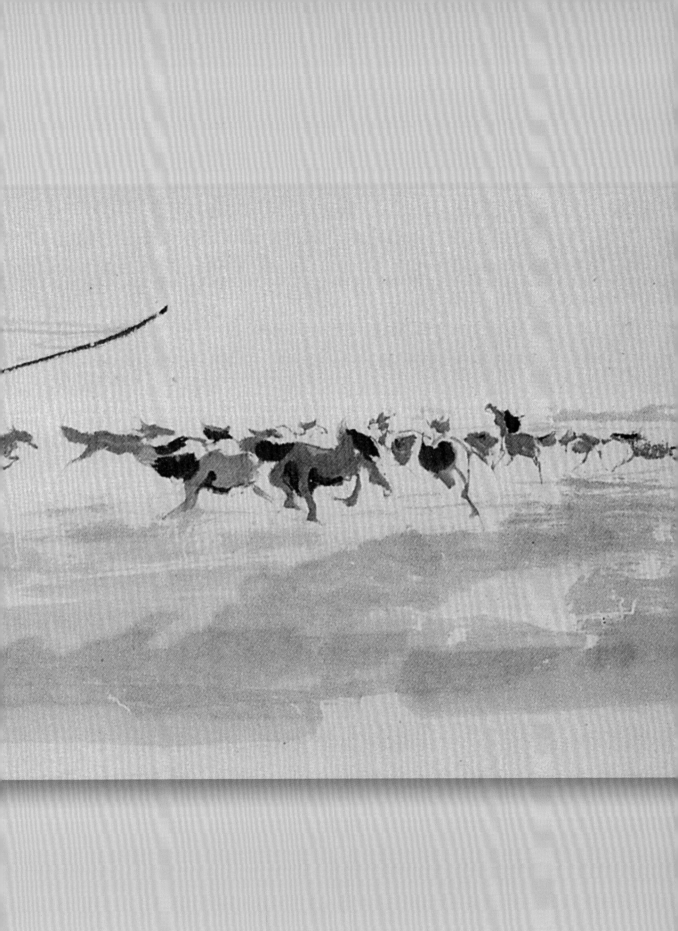

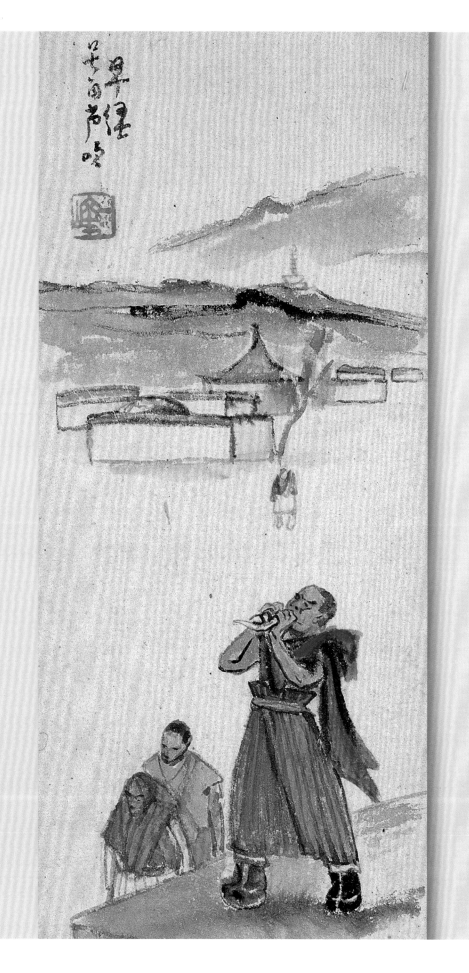

1.

來自古城的熱血青年

這是一個時代的悲劇,集中映現在一個家庭中的故事。但在悲苦中,反而顯現親情的偉大:一對共患難的夫妻,先生是懷抱社會主義理想的熱血青年,一路從大漠來到臺灣;在國共戰爭的矛盾中,成了臺灣反共政策下,不斷被檢舉的「匪諜」,而岳父正是執行肅清匪諜的調查局局長……。

在這樣的衝突下,岳父如何以自己的身家性命,保全這個女婿在臺灣的生活與創作?夫人又如何在病痛的摧殘中,協助逐漸失去生活自主能力的先生,持續他的創作與教學,成為學生口中的傳奇?「高一峰」又如何將他的大漠生活、鄉野人物,乃至自己的悲苦,化成永恆的圖像?

這個時代的悲劇,如何塑成一個偉大的藝術家?這個情感凝聚的家庭,又如何在社會的矛盾中,散發溫暖的親情,成就了一段藝術史上的傳奇?故事是從遙遠的中國北方開始的……。

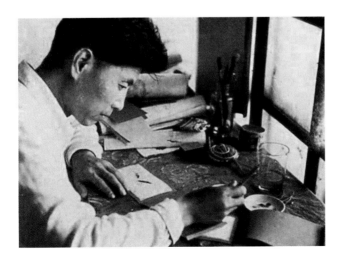

[本頁圖]
高一峰伏案作畫的神情。

[左頁圖]
高一峰,〈早經〉(局部),
1951,水墨設色、紙,
57×20cm。

9

出生山西徐溝

　　1915年8月26日，高一峰出生在中國大陸山西省徐溝縣。山西是中國古文明的發祥地和搖籃，史學家曾讚譽山西，是華夏文明誕生的主要發源地；此一區域，保留了遠自七千年前以迄兩千年前的古代文化傳統。徐溝縣即在山西中部，屬古之太原府，早在春秋時期，即已建城，為晉國祁氏之邑，古名涂水；金大定年間，始置徐溝縣，並建縣城，惟境內多河，河水時退時漲，數度沖毀城基。

　　至清康熙初年，知縣趙良璧修建四門城樓，區其東曰「懋勤東作」、南曰「薰風解慍」、西曰「碩望西成」、北曰「晉陽鎖鑰」，又於北關門上建築巍閣，瀦池瀦水，並砌橋梁四座，風華一度；惟之後，河流數漲，所建仍多歸於頹圮。光緒年間，乃有知縣王勳祥環城瀦池，遍栽柳樹，以遏水患，景觀一新。

　　徐溝縣，地處晉中腹地，東鄰榆次，南接太谷、祁縣，北向80里至太原府，南向可至汾州府，因此，古來徐溝即為太原、汾州二府間之重

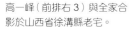

高一峰（前排右3）與全家合影於山西省徐溝縣老宅。

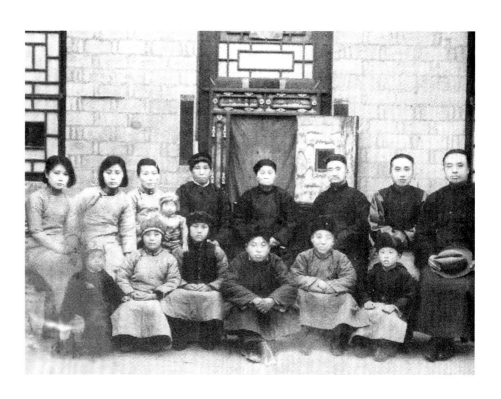

要通衢。中共統有大陸後，1952年徐溝廢縣為鎮，改隸清徐縣。在未和清源縣合併之前，徐溝是山西省一百多個轄縣中唯一沒有山的平原縣，因此而有「徐溝徐溝，無山無溝，良田萬頃，城繞三河。」的俗諺，三河指的是金沙河、象峪河、洞渦河。

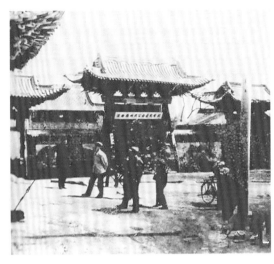

徐溝鎮舊照。

　　徐溝縣乃一典型農庄，以小麥、玉米、高粱、紅薯、西瓜為主要農產，該地民間傳統文藝「背鐵棍」聞名晉中一帶，民謠有云：「南庄的火、太古的燈、徐溝的鐵棍喜煞人。」2008年被列入國家級非物質文化遺產名錄。此地曾出過明代著名小說家羅貫中（《三國演義》作者）。

【關鍵詞】 羅貫中（1320-1400）

　　羅貫中，名本，字彥直，號湖海散人，元末明初通俗小說家，代表作為中國長篇歷史章回小說《三國演義》。

　　羅貫中幼年時期曾隨父親於蘇州、杭州一帶經商，曾至元末軍閥張士誠幕府作賓，後於返鄉途中巧遇《水滸傳》作者施耐庵，羅貫中相當欣賞施耐庵的勸世理念而拜他為師，後陸續著有《三國演義》、《隋唐兩朝志傳》、《三遂平妖傳》等書。

　　羅貫中最知名的《三國演義》是一部依據正史《三國志》及《三國志注》虛構而成的小說，描寫東漢末年到西晉初年中原地區魏、蜀、吳三分天下的政治軍事及各種社會問題，小說中以尊崇蜀漢為主要傾向，強調復興漢室正統的忠君思想，該書在中國民間流傳久遠，與《水滸傳》、《西遊記》、《金瓶梅》並稱中國「四大奇書」。（編按）

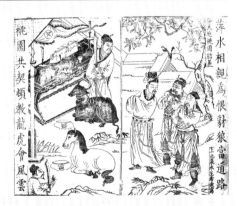

金陵萬卷樓 1591 年發行的《三國演義》刊本之〈桃園三結義〉繡像。

在古老平實的徐溝縣中，高氏家族尚稱富裕；一峰之父，單名經，任錢莊掌櫃；母武氏，乃太谷縣南席村人，育有二子（高一峰、高銘生），一峰為長子，尤受族人疼愛。唯武氏生完次子銘生，即不幸去世；高經續弦武氏之妹士秀，兩個孩子及日後高一峰的長子，都是由武氏撫養長大。

一峰五歲時，曾患重病，昏迷數日未醒，家人四處延求名醫，終於治癒；父親感念此事，曾為他另取一名，曰「重生」，意謂死中重生。

就讀中學，美術成績優異

一峰幼年，即好繪畫，六、七歲時，和同伴遊戲，常撿拾瓦礫、瓷片，在地面、土牆，描繪各種生活所見，包括各式人物、動物、房子與

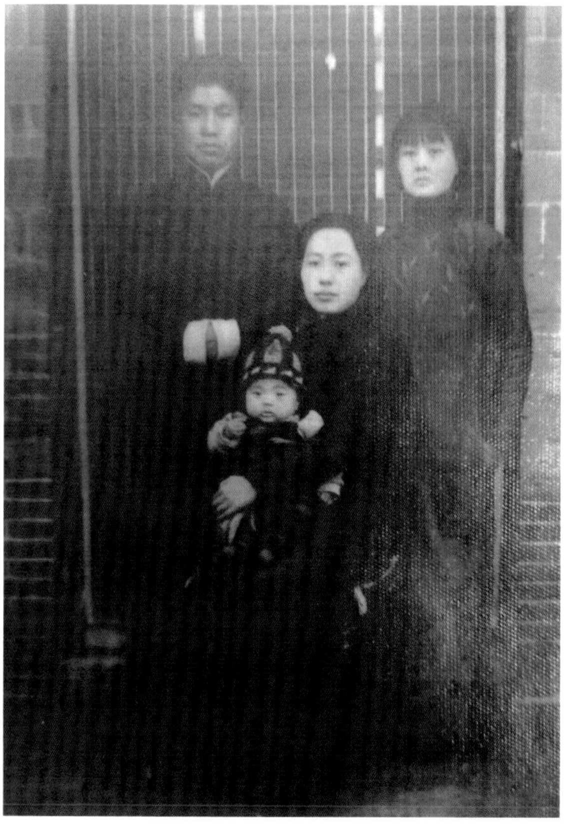

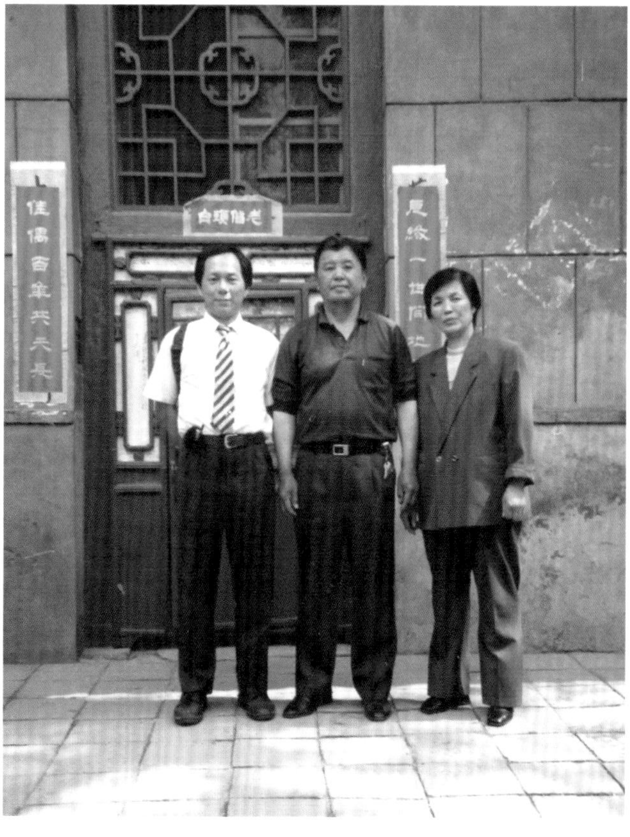

[左圖]
左起：高一峰、高一峰長子高宜溫、高一峰繼母武士秀、高一峰元配夫人合影於1940年。

[右圖]
2000年，高一峰長子高宜溫（中）夫妻及友人合影於昔日徐溝老宅舊址前。

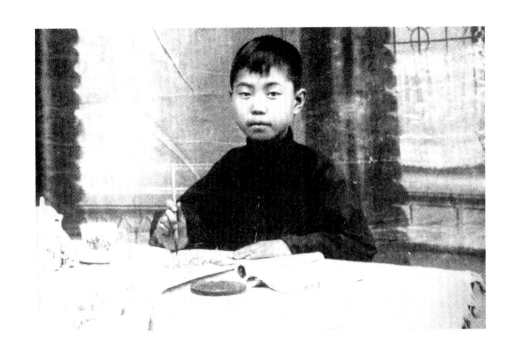

樹;同時也喜好描摹劇中人物,尤其劉、關、張等三國英雄人物,因此
贏得「小畫家」稱號。

　　小學畢業時,高一峰的圖畫成績更為全班之冠。幼年的鄉居生活,
和自由自在的想像、塗鴉,帶給他深刻的影響;其終生以「鄉下佬」自
居,生活樸實,日後畫作也始終不失鄉野生活純真素樸之野趣。

　　1935年,前往太原,就讀成成中學,這是山西省首批示範高中,成
立於1924年。對青年高一峰而言,這是一段青春活躍的快樂時光。一峰
興趣廣泛,能文能武;運動方面是全縣撐竿跳和籃球高手,身手矯捷,
屢創佳績,因而贏得「魚兒竄」的雅號。音樂方面,雅好南胡,常自拉
自唱,引吭高歌,頗有豪氣干雲之慨。不過,整體而言,一峰仍以美術
為最大興趣,金石、木刻、繪畫、書法,樣樣皆來,美術成績始終為全
班第一。此時亦已立定日後研讀美術、從事畫家生涯之志向。不過更值
得留意的是:此時高一峰,由於充滿理想,對國家的未來,有著獻身的
熱情,因此,早早就加入了共產黨。

　　1938年,高一峰中學畢業,隨即前往北平,並進入京華美術專科學

校（簡稱京華藝專，今中央美術學院）就讀。此時已是二十四歲的年紀。

京華求藝

京華藝專位於中南海，為原國立北平藝術專科學校（簡稱北平藝專，今中央美術學院）國畫教授邱石冥等人於1924年所創辦。1930年，臺灣出身的第一代留日西畫家王悅之（本名劉錦堂），曾一度進入該校擔任教授，並積極從事改革，包括爭取教育部立案及改制學院等工作。無意卻引起該校人事上的傾軋，並造成分裂，由王悅之領導的一批以西畫系為主的學生，遷往朝陽門內，另創私立北平藝專；而由邱石冥等人所支持的一批以國畫系為主的學生，則移往宣武門內太平湖畔，仍稱京華藝專；惟這個學校和許多民初以來成立的私立美校一樣，始終未向教育主管當局正式立案。

1938年，高一峰入學之時，學校風波已趨平靜。一峰選讀的是西畫

［左圖］
王悅之，〈棄民圖〉，1934，
油彩、畫布，122×52cm，
中國美術館典藏。

［右圖］
1940年代的北京帥府園胡同一景，左側圍牆處日後成為北平藝專之所在。

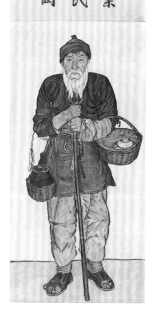

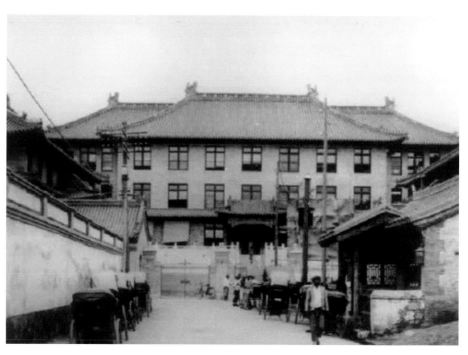

系，也下了功夫在油畫、水彩和素描等方面的磨練；其中素描，是跟隨由北平師範大學（簡稱北平師大，今北京師範大學）前來兼課的另一位臺籍留日畫家郭柏川（1901-1974）學習。然而，這樣的訓練，在年輕卻早熟的高一峰看來，並不能和他在北平的生活感受相契合，在日後的自述中，曾提及：在北平，任何宗派的油畫，表不出它的春之華麗；在北平，一流水彩畫家表不出它的秋之蕭疏。

高一峰心中，逐漸感受到必須從中國的水墨畫中去尋找新的趣味與滿足。此時，原在京華藝專任教的齊白石，因抗議日人占領北平，已於高一峰入學前一年的1937年，辭去教職，閉門不出。但他那帶著老辣飛動的筆法，以及沉著淋漓的用墨和以簡馭繁的造形，仍風靡著整個中國畫壇；傳統的國畫，在他這些蘊含民間匠意與文人雅趣的作品衝擊下，隱隱透露出一股生機。高一峰深受感動，私下用心揣摩學習，也奠下日後創作的基本主調。

1940年代，在中國，顯然是一個騷動的年代，日軍侵華下，國內也瀰漫著種種不同的言論和主張；對於這個瀕於危難的國家，如何獲得解救和新生？這些不同的言論和主張，也就在熱血青年，尤其是學校知識青年之間，流傳、爭辯、激盪。

1940年，是高一峰進入京華藝專學習的第三年，當年6月，他決定暫時結束學校生活，投入實際的社會服務工作。雖然，有論者指

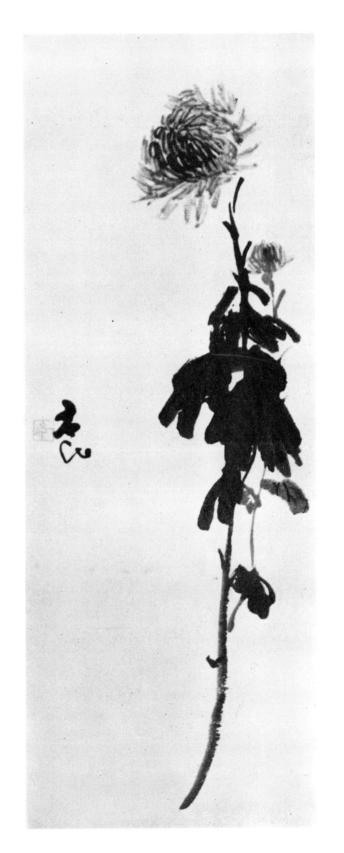

高一峰的油畫作品，多以俗民日常與農村景致為題材，這些畫作中的鄉土內容和寫實風格反映了他深具人道關懷的個人精神，既樸實又真誠。（編按）

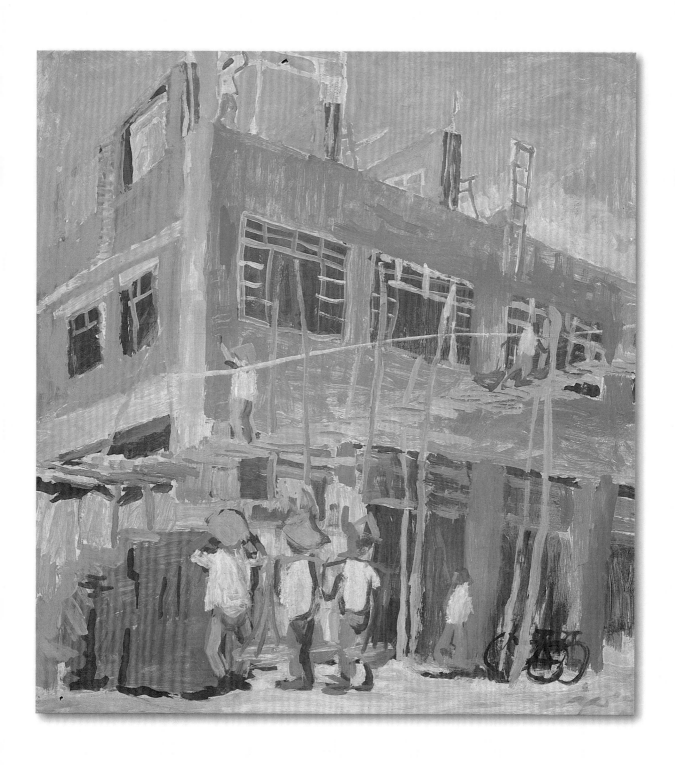

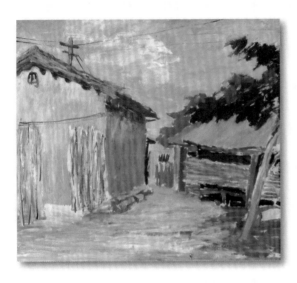

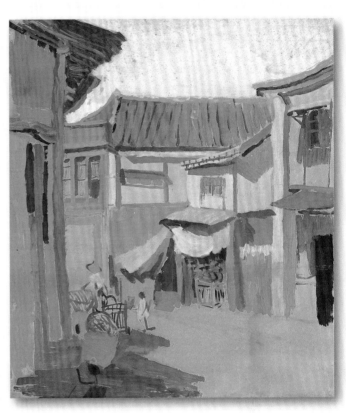

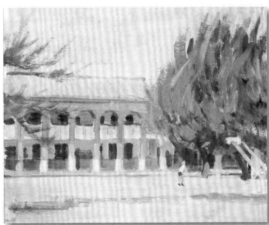

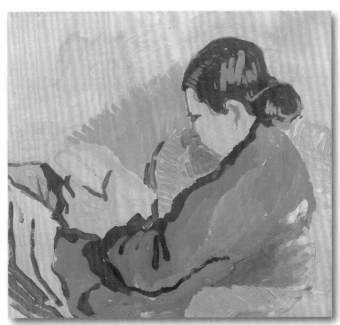

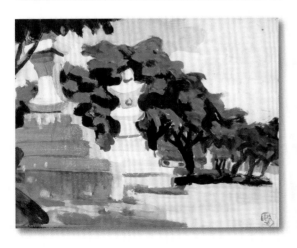

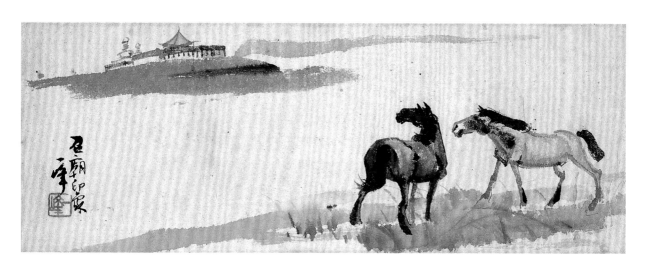

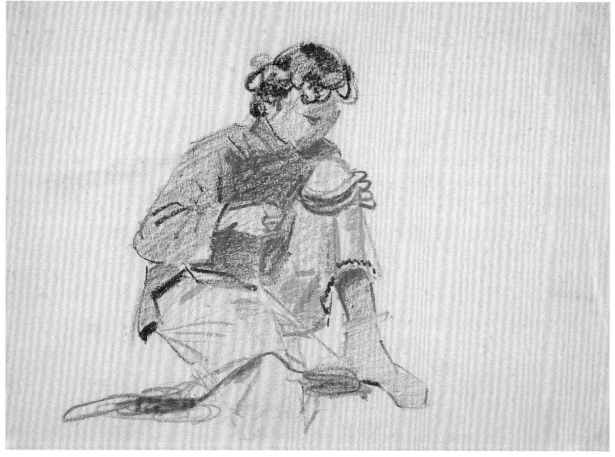

高一峰,〈召廟印象〉,1951,水墨設色、紙,23×60cm。

高一峰,〈人物〉,年代未詳,速寫、紙,尺寸未詳。

出：他是投入救國行列，擔任三民主義青年團的文宣工作，包括可能是由其好友代筆的自述之文也作如此自陳。但根據逐漸解凍的諸多跡象判斷：高一峰很可能是在這個時期，和共產黨有過一定接觸，決心從事社會解放的工作，這似乎也是當時許多熱血青年，極為自然的選擇。這段經歷，顯然也在戰後赴臺的日子中，為高一峰帶來相當的困擾與壓力。甚至數度被檢舉查辦，幸賴服務於調查局的岳父具狀保證才倖免於難。高一峰戰後抑鬱寡歡的生活態度，固然與他夫妻二人身體的健康不佳有直接關係；但這段曾經左傾的政治印記，顯然也是那個苦難不幸的歲月中，始終擺脫不去的陰霾。

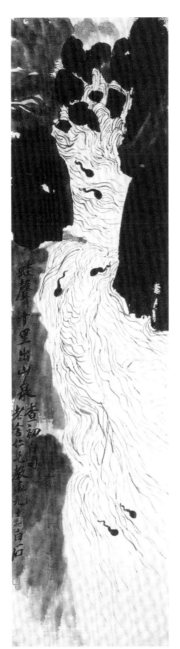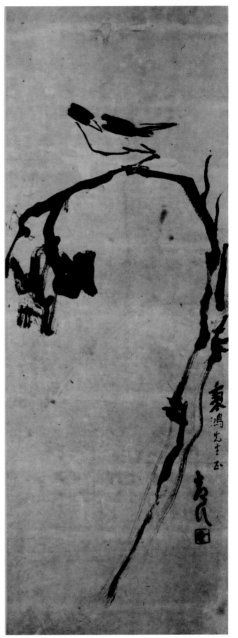

　　高一峰離校後的隔年（1941），也正是郭柏川剛和日籍同事衝突，離開北平師大、接受邱石冥之邀前往京華藝專任教並兼訓導主任之時。

　　由於京華藝專並不是一個教育部立案的學校，因此離校也就等於自動畢業。畢業後，高一峰仍停留北平一段時間，密集參觀畫展，私下學習。

孤方城晚色

高一峰畫
于右任題

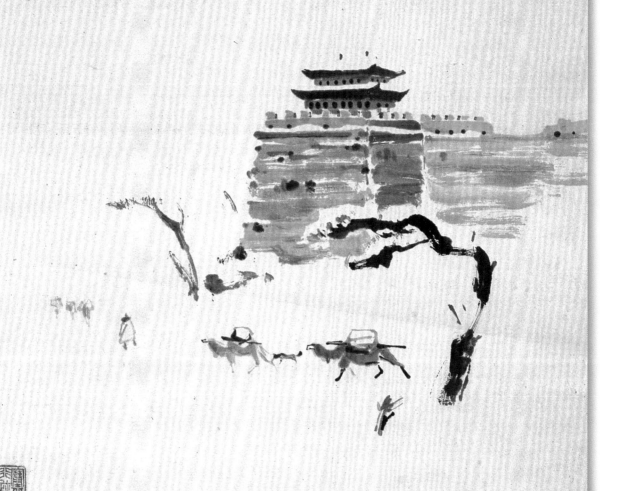

2.

從大漠到臺灣

高一峰於 1943 年與小學老師張素蓉結婚後，定居綏遠。這一年夏天他利用暑假從臨河縣進入蒙古伊克昭盟，穿越鄂爾多斯草原旅行三個月。大漠遼闊風光，他以畫筆速寫草原奔馬、駱駝、驢子和蒙古人生活，留下許多作品；而這一時期的體驗，也成為他日後創作生活的靈感源泉。

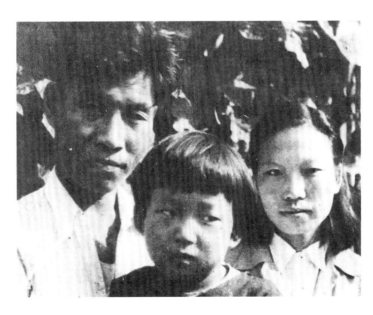

[本頁圖]
高一峰夫婦與女兒高慧合影。

[左頁圖]
高一峰，〈孤城晚色〉，約1955，水墨設色、紙，尺寸未詳。此圖由高一峰畫、于右任題字。

[上圖]
1939年，張素蓉小姐（右2）
與弟妹們合影。

[下圖]
高一峰岳父張慶恩於徐溝縣的
老家一景。圖片來源：高燦提
供。

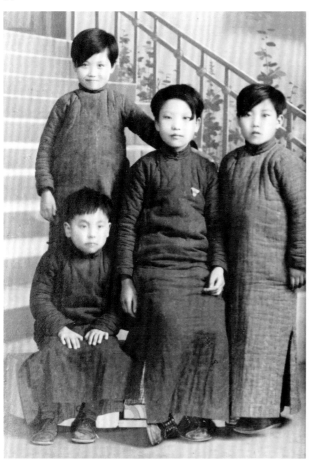

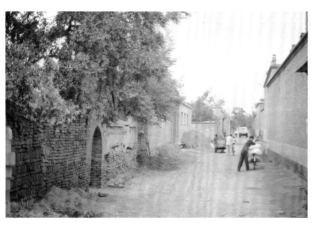

前往綏遠任教中學

1940年，高一峰返回老家，家中為其娶妻，並生有一子，取名宜溫；目前仍留存有一峰夫婦和繼母武氏抱著宜溫合照的相片（P.12左圖），從穿著和環境判斷，這是家境相當不錯的家庭。惟不久，夫人即不幸過世。

1942年冬，高一峰動身前往西北綏遠省（今內蒙古自治區）臨河縣，這趟旅程，青年高一峰應是懷著淑世救國的心情，但也可能是秉承了組識賦予的某種特殊任務。

不過，就在此時，一峰又結識在徐溝縣馮郭楚王村擔任小學老師的張素蓉小姐。張家同為山西徐溝縣人，居於縣城南方之張楚王村。此地原有河流經過，生活尚好；惟清末之際，因山崩，河流被截斷而改道，張楚王村頓失水源，農田幾成旱地，一遇天久不雨，則收成銳減，農民生活困苦，屬徐溝縣境較為貧乏之地區。張素蓉1925年生，為張慶恩之長女。張慶恩於素蓉出生之年，加入國民黨，在從事短期教職後，即東奔西跑，進行黨務擴展及對抗共產黨的工作，家務全賴夫人白淑蘭操勞主持。1936年，舉家遷居天津，素蓉也在此地接受中小學教育，在校成績優秀，尤好文學寫作。十七歲時，因家中經濟因素，自聖功中學（播遷臺灣後，今臺南市天主教聖功女子高級中學之前身）輟

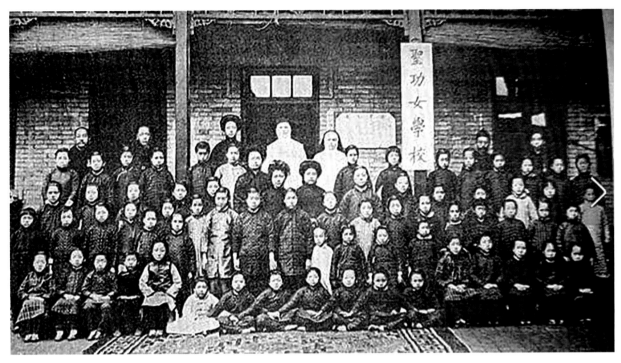

學，參與檢定考試，在三百多位
競爭者中脫穎而出，擔任故鄉附
近馮郭楚王村的小學老師，也在
此地，認識了高一峰。兩人一見
鍾情，隔年（1943），即在綏遠
陝壩張家完成終身大事。

　　婚後，定居綏遠陝壩，高一
峰任教於當地的奮鬥中學（今呼
和浩特市第二中學），擔任美術
老師。隔年（1944），生子，取單名為燦。

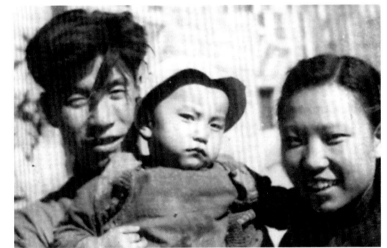

[上圖]
天主教聖功中學原名聖功學堂，1914年於天津創立，是當時數一數二的女子教育機構。

[下圖]
1945年，高一峰與妻子張素蓉、兒子高燦合影於綏遠陝壩縣（今杭錦後旗）。

體驗蒙古大漠風光

　　夏天，高一峰利用暑假，騎驢旅行，由臨河縣（今臨河區）進入
蒙古伊克昭盟（今鄂爾多斯市），穿越鄂爾多斯草原，體驗大漠遼闊開

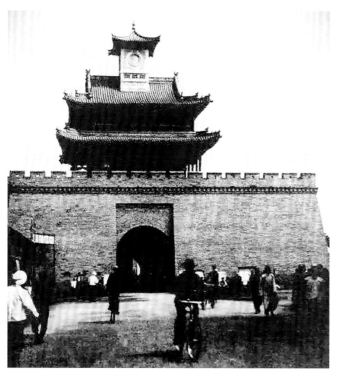

朗的風光。風吹草低見牛羊，藍天、草原、沙漠、奔馬、駱駝、驢子，加上蒙古包、蒙古人，前後三個月的旅程，留下了無數的速寫；但更重要的是，這些經驗成為其一生創作取用無盡的題材與靈感的源泉。

高一峰說：「蒙古的馬，健壯驃悍，蒙古同胞，也是健壯驃悍。然而他們淳樸、待人和善，一顆善良的心，發出天真的笑。我覺得蒙古的馬美，人更美。於是我寫馬、畫人；畫人、寫馬。這兒可比北平好玩多了，北平一切是人為的美，這兒一切是天然的美。」（自述）

[上圖]
1958年，歸化城的古樓（北門）一景。

[下圖]
高一峰，〈駝旅（一）〉，
1954-1957，水墨設色、紙，
尺寸未詳。

這三個月，可以說是高一峰一生最快樂難忘的時光；回到陝壩縣後，也參加了一次畫展。

1945年，日本終於戰敗投降，軍隊撤離中國土地。不過，國共內戰，隨即引爆，動盪的時局中，高一峰的處境也相對艱難，特別是在與

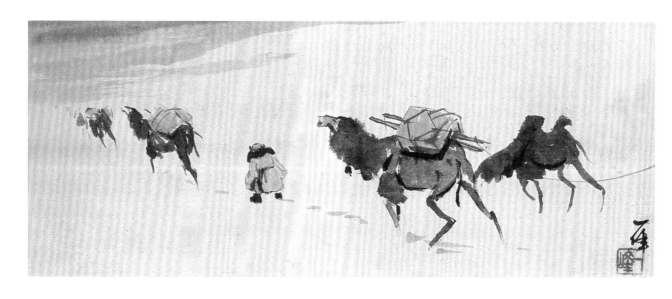

張素蓉小姐結褵後，由於張父任職中國國民黨中央執行委員會調查統計局（簡稱中統局，今法務部調查局）的特殊身分，一峰在政治立場上處於「忠孝難兩全」的矛盾中。隨著復原，他遷居歸綏（原歸化與綏遠合併之城市，今呼和浩特市），先後任教國立綏遠中學（今呼和浩特市第一中學）及綏遠師範專科學校（今內蒙古師範大學），後轉綏遠省立包頭中學（今包頭市第一中學）。

不過，此時，有人檢舉高一峰有投奔共產黨之意，因而遭到逮捕，

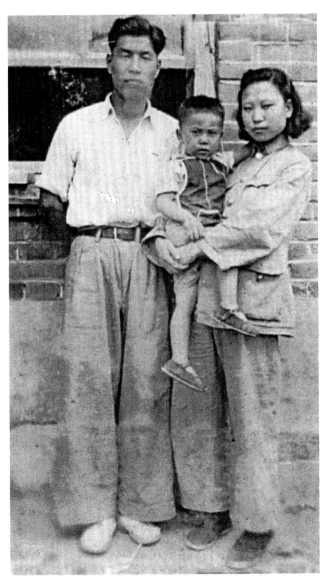

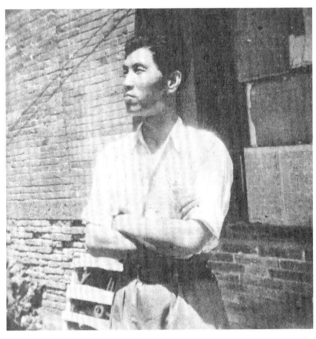

［上圖］
高一峰於包頭中學執教時的身影。

［左圖］
1945年，高一峰與妻、兒攝於任教的綏遠中學。

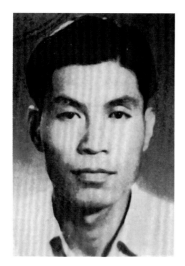

高一峰像。

逕送管訓。幸得時任國民黨綏遠省黨部主委的岳父力保，始得獲釋；並承戰區司令之請，繪製了一些抗日戰役史蹟的大幅油畫。

1947年，生女，仍取單名，稱慧。夫妻二人帶著一雙子女，同時擔任教職，生活尚稱安定、順意。不過，國共之間的爭戰，日漸激烈，一股不安籠罩著這個在政治立場上頗為尷尬的小家庭。此時，夫人又懷孕待產，張父要女兒回陝垻與母親同住，一峰則留在包頭中學繼續上課。

1949年，戰爭已趨白熱化，西北地區已完全落入共軍之手，大批難民隨著國民政府南遷，並渡海臺灣。高夫人在此時生下一女，取名二慧。由於生活的不安，身體調理未能得宜，不幸引發風濕性關節炎的慢性病症，成為她終其一生的痛苦折磨。

1950年，高一峰回到陝垻，與夫人團聚，並雙雙同時找到教職，經濟稍為寬裕，但精神上的壓力卻與日俱增。原來，共產黨鑒於其岳父張慶恩特殊的身分，責成高一峰以翁婿的緊密關係，進行統戰及情報搜集的任務。

當年夏天，高一峰以逃離名義，帶著夫人及一對較大的子女，展開前往南方的旅程。由於二慧才剛出生，實在無法承受如此長途而困頓的旅程；因此，交由張母代為照顧，留在陝垻，骨肉被迫分離，是人生至大的無奈。高一峰夫婦當時心想：一旦戰事趨緩、平息，自可再次團聚。然而，這個夢想，隨著夫妻二人的先後埋骨臺灣，終究未能得圓。這些思念、哀痛，一字一句地留存在夫人日後娟秀的日記筆跡之中。

踏上長途逃亡旅程

1950年年中，夫婦二人帶著一雙子女，踏上長途逃亡的旅程，一

路又必須躲避軍隊的攔截。在經過山西徐溝老家附近時，時序已入冬天，故鄉在望，卻有家歸不得。夜裡，為了逃避共軍搜尋，夫婦二人連同一雙幼小子女，躲藏在村外的河溝旁，下半身深陷在泥沼中，上半身則以枯草遮掩，整夜忍耐寒冬刺骨的冷風冰水侵襲，不敢動彈。直至次日清晨，共軍遠去，才蹣跚爬上河溝，雙腳都已幾乎麻木，小孩驚嚇啼哭，又不得不繼續趕路前行。這些遭遇，對夫人原已衰弱的身體而言，更是雪上加霜，註定了她此後必須依靠輪椅代步，度過餘生；對高一峰而言，也因此和原本健壯活潑的生命告別，除了也染上風濕性疾病，終生為此所苦，病菌更傷及左眼，赴臺後不得不切除，以求保命。

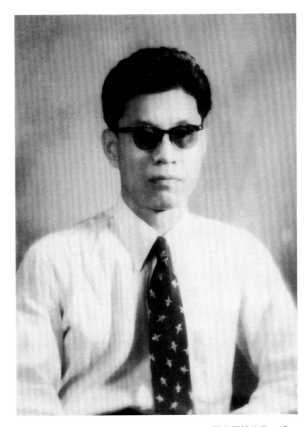

戴著墨鏡的高一峰。

　　一家人經歷萬里跋涉，最後搭乘火車來到廣州；一峰先從廣州偷渡到澳門，夫人與二子女則偽裝成廣東人，以廣東人身分進入九龍，一度還因口音不對，被留置盤查，歷盡艱辛。年底一家人在香港會合，再搭船來到陽光充足的臺灣。

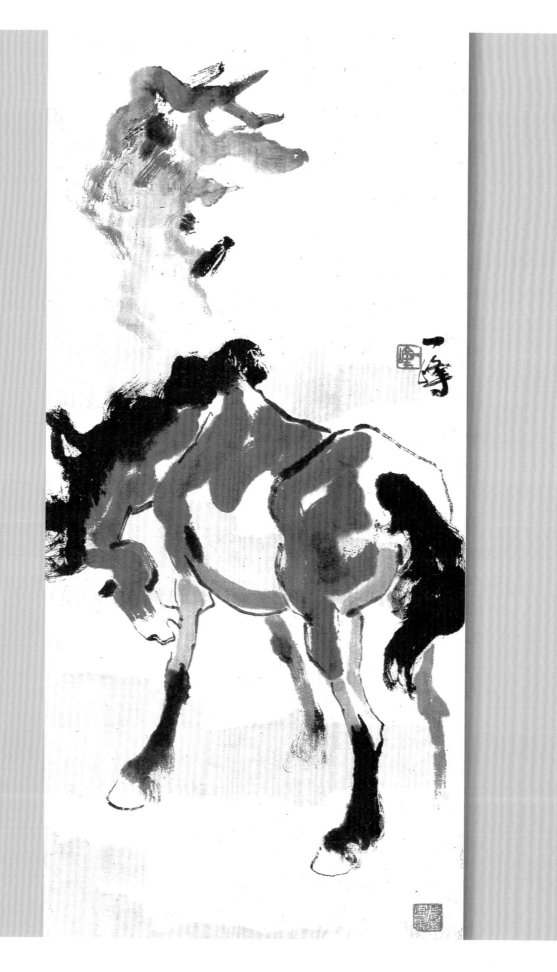

3.
艱困生活下的創作堅持

1950 年，高一峰三十六歲時歷盡艱辛輾轉抵達臺灣。翌年，他為了生活，在臺北市開設廣告社，但堅持藝術創作，持續以水墨及水彩畫描繪在西北時期生活的回憶，完成不少質樸寫實風格作品。

1952 年 8 月，時任立法委員的吳延環，路經臺北市南海路高一峰開設的廣告社，看到他的繪畫作品認為是出自天才之筆，於是推薦高一峰到臺中市立中學（今臺中市立居仁國民中學）任教美術。因為許多波折，直到 1954 年 8 月才前往執教。這段期間，他創作了一系列取材大陸俗民生活的記憶及想像的風景和人物畫。

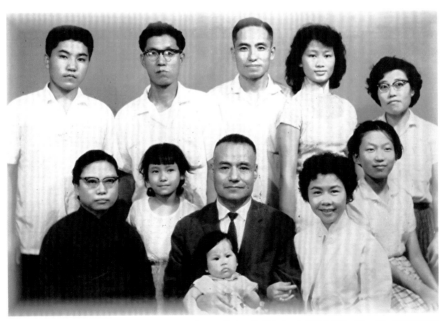

[本頁圖] 1962 年，高一峰（後排左 2）與家人合影於臺北，後排左起：高燦（次子）、高一峰、張炳南（妻弟）、蕭元鳳（妻弟媳）、張蓉秀（妻妹）；前排左起：張素蓉（妻）、張幼娟（妻妹）、張慶恩（岳父）、張蘭瑞（外甥女）、楊韻琴（岳母）、高慧（長女）。

[左頁圖] 高一峰，〈癢（一）〉，1956-1957，水墨設色、紙，尺寸未詳。

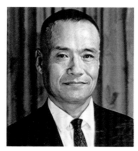

[上圖]
高一峰的岳父——張慶恩。

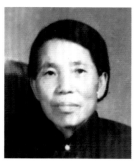

[下圖]
高一峰的岳母——白淑蘭（張慶恩原配）。

[右頁上圖]
1952年，高一峰與妻子攝於臺北市和平西路住家的籬笆前。

[右頁下圖]
高一峰喜歡垂釣，圖為1951年他於臺北市螢橋淡水河邊看人釣魚專注的模樣。

初抵臺灣

初抵臺灣的高氏一家，工作尚無頭緒，住所也無著落，乃暫時寄宿臺北市和平西路岳父家中，岳父張慶恩，此時已擔任調查局副局長之職。來臺時，張慶恩將家庭留在故鄉，只帶了次女和長子同行；此時長女素蓉和女婿帶著外孫子女前來，家人異地重逢，自是一番感觸。

高一峰寄宿岳父家中，岳父雖百般表達照顧之意，但高一峰則始終不願成為岳父的負擔，積極尋找可能的工作機會；無奈，事與願違，時勢混亂，人浮於事，一時並未能有好的工作機會。加上因長途逃難，引發身體病變，尤其左眼視力日漸模糊，多次求醫，卻因經濟困頓，無法澈底治療。

夫人日記中充滿著無限愛憐與無奈的情緒：

2月間，峰的左眼紅痛，視力模糊，請醫生檢查，說是眼球出血。此後，時好時犯，前二個月，便到臺大醫院檢查，結果血液沒有毛病，但還要檢查肺部，照X光，而因為沒有錢，便未去照。

最近，左眼的視力更模糊了，有魏先生送來的賣畫錢，便又到眼科醫院，醫生講：上次出血部分已經結疤，為什麼還看不清楚呢？恐怕是結核性的，要在肺部照了X光後，才能決定治法。幾次檢查、買藥，一點錢很快便用完了，病又不能不治，真愁死人！（1951.8.8）

峰眼疾未癒，風濕病又犯了，到醫院檢查，也查不出原因，醫生含糊的講「血沉」速度太快，最好照X光，看肺部有沒有毛病。病必需要治，但沒有治病的錢，急愁不已，王先生看到這情形，設法籌借來一筆錢。（1951.8.28）

1951年9月，透過岳父的居中引介，調查局委託高一峰繪製一批反共

史蹟繪畫，儘管左眼仍極度不適，夫人也反對這個必須耗費視力的艱辛工作，但為了改善家中經濟，高一峰仍毅然決定接下這件來臺以後唯一的工作機會。此後密集工作一個月，總算掙得了來臺後的第一份收入，維持了起碼的尊嚴。

依據張慶恩的說法，高一峰繪製的反共繪畫，頗引起一些人士的注意與欣賞，認為高一峰具有繪畫天才，遂有友人託其繪畫，他都慨然允許，予以贈送，畫家之名，也因此逐漸建立，前途應可看好。奈何就在此時，有同樣由綏遠來臺的調查局同事，檢舉高一峰乃共黨派臺的匪諜；上級於是下令徹查，張慶恩迫不得已，只得將高一峰過去在大陸的一些情況，詳做報告外，並以自己擔保：「如有任何問題，願負全責。」之後，張慶恩奉命赴港，指導大陸工作，突然又接奉局裡轉來上級命令，關於高一峰之事，「復據報，仍如前令。」張慶恩唯恐事情生變，遂以急電表示：願以生命擔保高一峰，如有任何問題發生，願負極刑之責。此案才總算告一段落。但一時之間，事涉敏感，張慶恩也就不便再輕易為高一

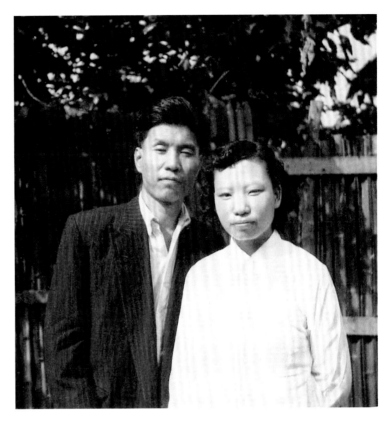

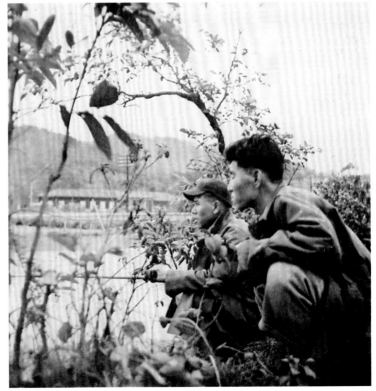

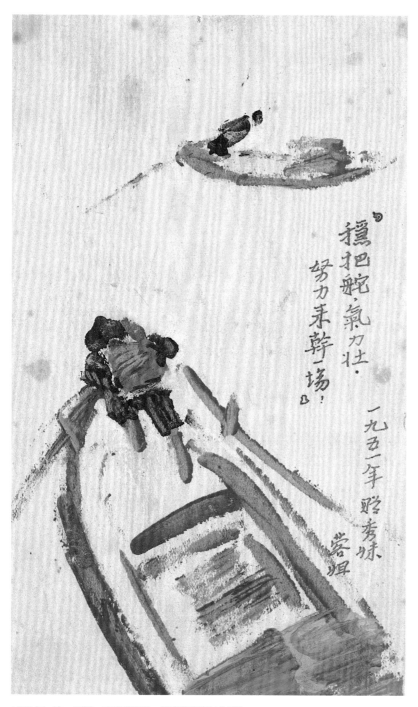

擄把舵，氣力壯，
努力来幹一場！

一九五一年贈秀妹

蓉題

1951年，高一峰繪，妻素蓉題款，署名贈給妻妹的畫作。

[右頁左上圖]　高一峰，〈藿〉，1956，水墨、紙，28×20cm。
[右頁右上圖]　高一峰，〈小芋頭〉，1956，水墨、紙，27×20cm。
[右頁左下圖]　高一峰，〈蘿蔔與菱角〉，1956，水墨設色、紙，27×20cm。
[右頁右下圖]　高一峰，〈百合花〉，年代未詳，水墨、紙，尺寸未詳。

峰安排或介紹工作。

經歷此番波折，高氏一家生活，又落入困頓窘境。百般無奈中，心想：與其被動等待那些有一餐沒一頓的臨時性工作，不如主動出擊，正式開設廣告社，直接招攬可能的生意。於是當年（1951）年底，高一峰便與同是大陸來臺的插畫家王凱，合開一間廣告社，地點就在臺北市重慶南路三段與南海路的十字路口。

這項原本被看好頗具發展性的工作，顯然並沒有想像中來得順利，工作沒有太大進展，生意有限；倒是高一峰開始利用等待工作的閒暇空檔，恢復較為持續的創作生活。所作大都是混合著水墨與水彩，主要以當年西北的回憶為題材，如：〈三個蒙古孩子〉（P.34）、〈旱經〉（P.8、P.35）、〈召廟印象〉（P.18上圖）及以臺灣生活為題材的〈仲夏一瞥〉（P.36上圖）等等。

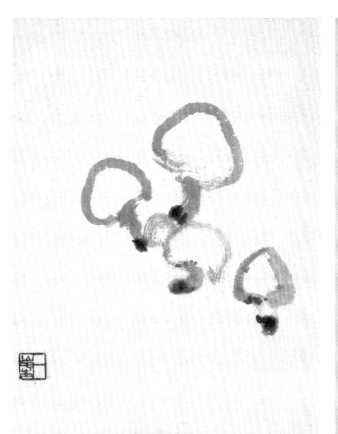

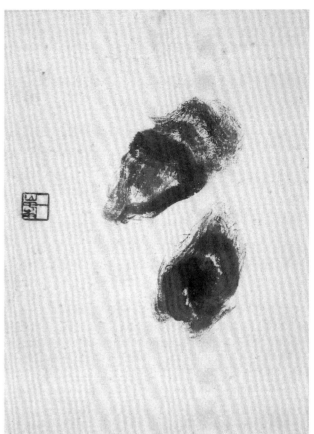

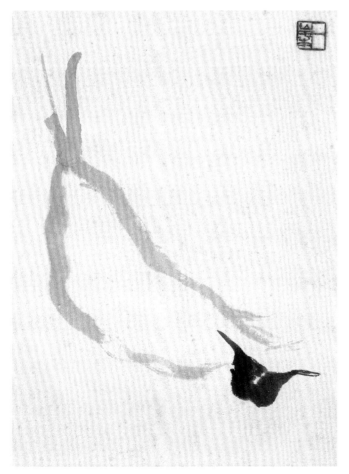

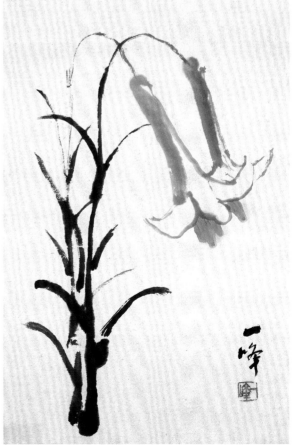

33

堅持創作

　　創作於1951年的〈三個蒙古孩子〉，是目前高一峰留存關於塞北生活最早的一件作品。以寬橫幅的畫面，描繪三個騎馬狂奔的蒙古小孩，一位身著紅衣的女孩飛奔在前，另外兩位策馬加鞭追趕在後；三匹奔跑的馬，腳的動態各有不同，但作勢狂奔的模樣，充分地表現了畫面由右而左的速度感。馬匹腳下的陰影和披靡的草，以及後方數抹代表遠山的筆觸，一方面交代了場景，暗示了草原的無垠，二方面也加強了畫面的動態與速度感。

　　草原的寬闊、無拘，給了高一峰精神極大的解放，他曾說：「薄暮，遇到有月亮的日子，蒙古草原寂靜得可以聽到一里以外的傳話。成千的綿羊蜷伏在白皓皓的大地上，牧羊女騎著馬慢步歸來，輕哼著牧歌。我有時也跳上馬背，衝上山崗，狂歌一曲，引得孩子們紛紛笑忻，我也恢復了童真的歡樂。」（自述）

　　〈三個蒙古孩子〉作於來臺後的第二年，塞北生活鮮明的印象，逐漸在高一峰著意回憶的腦海中浮現，但這件作品，畫面上對馬匹奔跑姿態的描繪，仍帶著鉛筆素描痕跡，稍帶樸拙的筆法，反而給這件作品一種素樸的力量。

　　和〈三個蒙古孩子〉應是作於同年的，還有作品〈召廟印象〉（P.18）

高一峰，〈三個蒙古孩子〉，
1951，水墨設色、紙，
25×68cm。

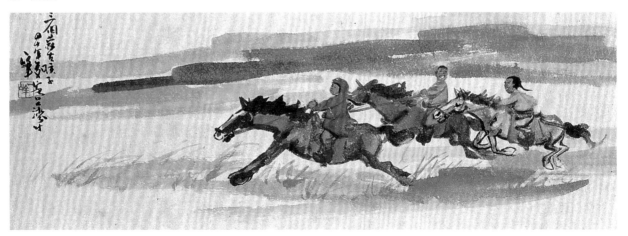

上圖）與〈早經〉。前者描繪了廣大草原上，兩匹馬站在前方，遙望遠方的召廟；馬的造形，還是寫實的手法，強調形象的正確與光影變化的掌握，一灰一棕、一側一背地同時昂首望向遠方。小小的尺幅，給人一種遼闊、安靜的感受，遠方露出牆沿屋角的，正是當地蒙古人精神寄託的「召廟」。

「召廟」又稱「五當召」，位於內蒙古自治區包頭市石拐區吉忽倫圖蘇木，是內蒙古自治區中最大的一座喇嘛寺。對游牧的蒙古人而言，這座「召廟」是他們生活中最重要的精神寄託與民族生命象徵。〈早經〉一作描繪的，正是清晨時分，持著法螺的喇嘛，站在一高地的平臺上，朝空吹響法螺的模樣，身後是幾位披著袈裟緩步而行的喇嘛。召廟位於山腳下，白牆圍繞中，給人一些莊嚴的好奇與想像。從這些人物或建物的造形觀察，這個時期的高一峰，顯然是採用了民初以來以西方素描介入水墨繪畫創作的手法，但仍刻意地保留了一種深遠的意境，這種意境主要是依賴虛靈的構圖來完成；而在這些構成中，紅、黃等高彩度顏色的運用，又讓原本深遠的意境，多了一份鮮明質樸的豪邁色彩。

1951年冬天，另有〈仲夏一瞥〉(P.36) 一作，是一幅以臺灣鄉野生活為題材的水墨作品。長軸式的構圖，一株長滿鬍鬚的老榕樹下，一位賣冰飲的少女，站在簡陋的攤架後方，正在招呼一位戴著斗笠前來光顧的男子；這顯然是一位出賣勞力的車伕，因為他的三輪車，正暫時擺放在一旁。攤架的另一邊，還

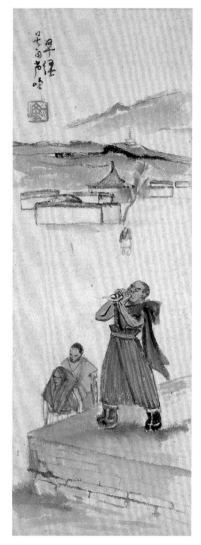

高一峰，〈早經〉，1951，水墨設色、紙，57×20cm。

【關鍵詞】 蘇木

蘇木源自蒙古語的「箭」，原為古代蒙古的軍事單位。清初皇太極征服漠南蒙古（今內蒙古自治區）部落後，仿照八旗制度將蒙古部落編旗，旗長下屬有旗章京、參領、佐領等職，蘇木便是指稱佐領管轄之地所演變而來的詞彙。國民政府推翻滿清後，沿用蘇木的傳統建制，成為蒙古地區特有的基層行政區單位。（編按）

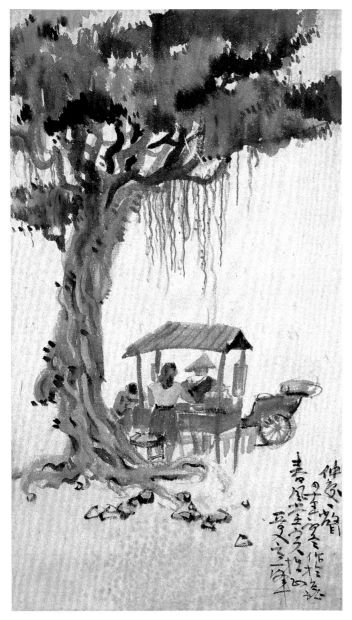

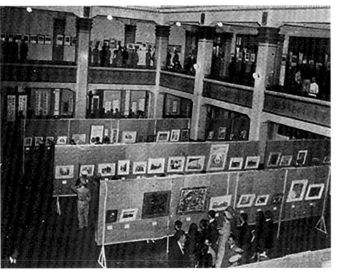

有一位正低頭享用飲品的小孩。

　　到底是怎樣的一種心情，讓高一峰甫剛來臺的第二年，就能以如此欣賞、關懷的眼光，將注意力投射在臺北街角、巷尾這些不起眼的俗民生活之上，而又以水墨毛筆這些傳統的工具，描繪出他們現實生活的景象？這樣的畫面，使我們聯想起1945年之後的三、四年間，一度大量來臺的大陸左翼木刻版畫家，以及其所留存下來的一批「臺灣生活組曲」系列作品，充滿了對中下階層生活的同情與關懷。

　　1952年3月，由何鐵華推動的「自由中國美展」，是當時重要的一項畫壇盛事，高一峰也提出作品參展；其中一件自敘性的作品〈人生回憶錄〉，特別值得一提。

　　〈人生回憶錄〉也是對塞北生活的回憶，題跋上寫道：「人生回憶錄，抗戰時期寄居綏遠陝壩，雖僅三年，今日思之，不勝感懷。」署名「晉人」。

　　在來臺初期，離鄉背井、閒居待業，又擔心眼睛成盲的百般無奈中，故鄉的一切，都是美好的。這件作品，以一種電影式的取景，一座有著三個門的單層連棟土房，門或是木門半閉，或是白布門簾垂映，其中一條布簾還捲起掛在門邊，門前牆邊則擺置著腳踏車。院

子當中兩根木杆懸起一條繩子，繩子披掛著兩件衣服，底下是兩個類似土製或木製的容器，其中一個似乎已經破損。另外兩個小孩，其中一位稍大，稍微側身，似在照應較年幼的一位。據高氏的兒子表示，這兩個小孩，正是高氏的妻二弟炳西和大兒子高燦。土房的屋頂和牆邊角落，都堆著一些木柴。光線由左上方投射下來，屋簷下有陰影，小孩的腳下、木杆、容器的底下，也都有陰影。

房子的左邊是一堵圍牆，出口外望，則是一片林野，有高聳成排的林木，和遠方似有若無的房舍。

陝埧是高一峰和夫人新婚後居住、教書的地方；這段安定的日子，也是高氏豪氣萬千、隻身騎驢入蒙的年輕歲月，稍帶昏黃的色彩，猶如泛黃、充滿記憶的老照片。

在1949年的變局中，跟隨國民黨來臺的大陸水墨畫家，都以傳統水墨為取向，類如高氏這樣的生活寫實之作，可說是絕無僅有的孤例。

〈人生回憶錄〉和其他同時展出的幾件作品，頗引起一些在臺外國人士的注意，買去兩幅以駱駝為題材的作品，得款六百元。這件事情，對身處困境中的高一峰夫妻，產生極大的激勵。夫人特別在日記中記下了這件事，並認為：「錢有限，精神上的鼓勵是無以估計的。」（1952.3.28）

[左頁上圖]
高一峰，〈仲夏一瞥〉，1951，水墨設色、紙，58×35cm。

[左頁下圖]
1952年，於臺北市中山堂舉辦的第1屆「自由中國美展」會場一景。

高一峰，〈人生回憶錄〉，1952，水墨設色、紙，22×135cm。

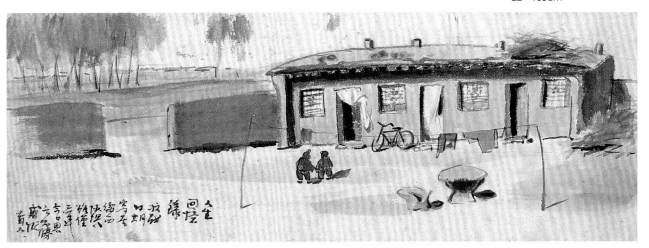

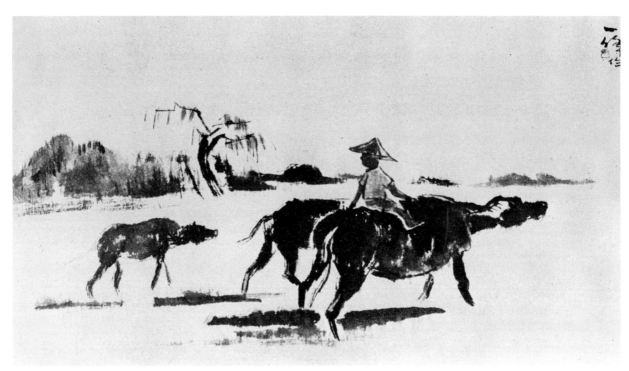

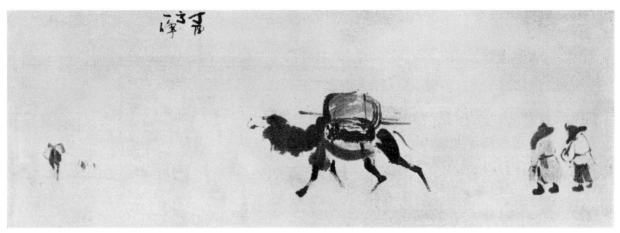

[上圖]
高一峰，〈歸牧（一）〉，
1955，水墨設色、紙，
尺寸未詳。

[下圖]
高一峰，〈駝旅（二）〉，
1957，水墨、紙，
尺寸未詳。

[右頁圖]
高一峰，〈雀〉，1957，
水墨、紙，尺寸未詳。

不過，在此同時，健康的問題，卻也正嚴厲地打擊著這對貧困的夫

妻；就在賣畫得款六百元的同一天，夫人的日記中也寫道：

　　近來，坐久了起立時，或者蹲下去站起來，膝蓋都如刀割般地疼

　　痛；睡覺醒來，全身僵直，動轉困難；手指關節、手背關節都腫

　　得很大，而手臂卻瘦細如菱，想想以後的日子，不覺傷心淚下。

　　午後慢步到廣告社裡，峰也為眼疾和風濕病愁苦著臉；這幾天，

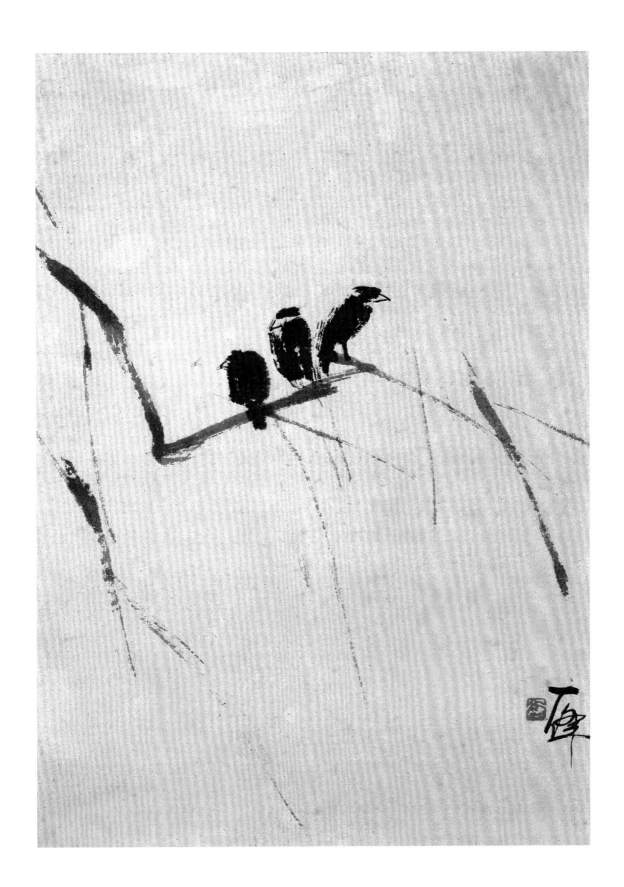

好的那隻眼也有了黑沙。我們相對著愁坐了二個鐘頭。（1952.3.28）

　　日子在愁苦中度過，高一峰的左眼已近完全失明，又沒有能力進行較好的治療。愁苦中，夫人盡其所能的給予鼓舞，但心中卻比高一峰還要來得愁苦憂慮：

　　峰病眼仍看不見，好眼亦有了黑影浮動，要治，沒有錢，不治，若兩隻眼都看不見了，將如何是好？我安慰他：別愁，愁也沒用。但是怎麼能夠不愁呢？（1952.10.27）

　　來到臺灣二年多了，沒有找到合適的工作，雖不必為三餐飯發愁，但都是半輩子有了子女的人，還要依靠老人來生活，實在不好意思。同時閒居之無聊，疾病之纏擾，以致情緒鬱悶，無以排遣，而對於任何一種工作，都不免存一份羨慕的心情。（1952.10.27）

　　困頓中，偶爾也有愉快的時候：

　　細雨中，和峰到淡水河邊散步。上了高堤，視界豁然開朗，心情為之一暢。迷濛中，遠山起伏，樹木蔥鬱；長帶般的螢橋，橫貫高空，橋下河水中的小船，悠然蕩漾；對岸小橋茅屋，屋前菜蔬

高一峰夫婦攝於臺北市居家竹籬圍牆前。

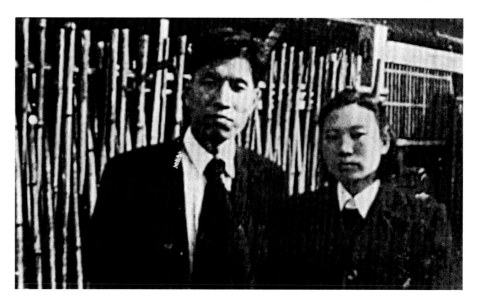

滿畦，農人彎腰而作，水牛蹣跚而耕，這是多麼恬靜的美景！

回家的路上，談到了我的日記，峰說：比以前進步了。我聽了很高興，以後一定要繼續寫下去。學習不僅僅是讀書，只要留心，處處都是學問；和峰一同上街時，因為都是習見的街景，沒有什麼可看的，所以走得很快。走著，走著，才發覺峰不在了。返回去找，他不是停在店舖玻璃窗前，便是蹲在賣破舊東西的攤子旁，在聚精會神地觀賞。我很不解，這有什麼好看的呢？近日讀了朱光潛著的《美學》，才略有所悟。《美學》中講：美感的培養，不必限於讀書，只要留心，處處都是學問。所謂靈感是在潛意識中醞釀成的情思猛然湧現於意識；雖是突然而來，卻是非有準備不可的。凡是藝術家都不宜只在本行小範圍中用工夫，須處處留心玩索，才有深厚的修養，鳶飛魚躍、風起雲湧，以至一塵之微，當其接觸感官時，我們雖常不自覺在其心靈中可生若何影響，但是到揮毫運斤時，牠（編按：它）們便會浮現到手腕上來。證諸峰的經驗，《美學》中所談是正確的。峰說：在綏遠時並沒有畫駱駝，但是因為見得多，印象深刻，所以現在能夠畫得出來。

峰對一切似乎都有興趣，這是一個藝術家所必具的條件吧！（1952.10.25）

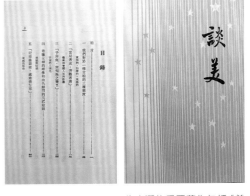

朱光潛的重要著作包括《美學》、《談美》等，圖為《談美》書影及目錄。

曙光初露

1952年8月中旬，來臺初期困頓的生活，似乎有了轉機。透過立法委員吳延環的介紹，臺中市立第一中學聘請高一峰前往任教。吳延環在一篇日後的文字中，提及了這段因緣。文章題名〈我發現一個天才〉，他說：「我38年（1949年）自廣州撤退來臺，初居泉州街。當時立法院還

高一峰不僅以水墨聞名於藝壇，從他留下的隨筆速寫亦可發現其素描底子深厚，從蒙古草原的牧民與駿馬，到南島田野間的俗民與水牛，皆能恰巧地掌握形體神韻和畫面結構，而充滿生動意趣之妙。（編按）

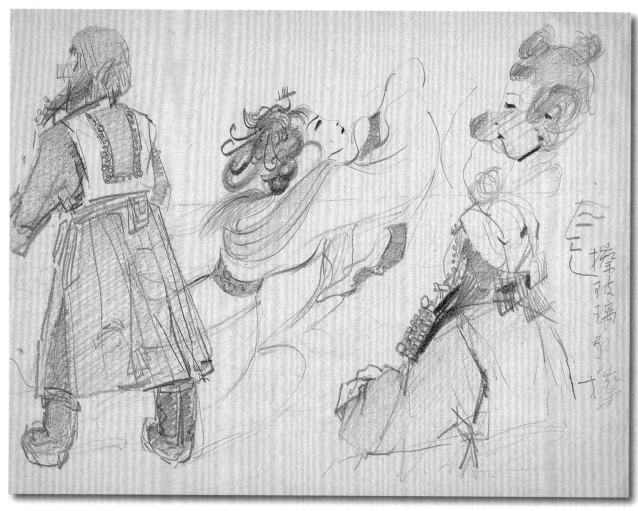

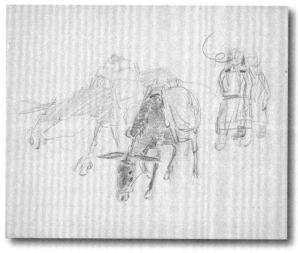

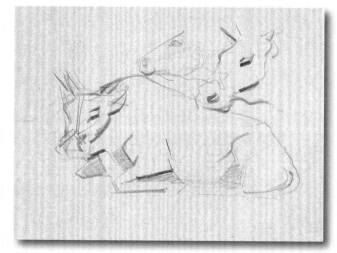

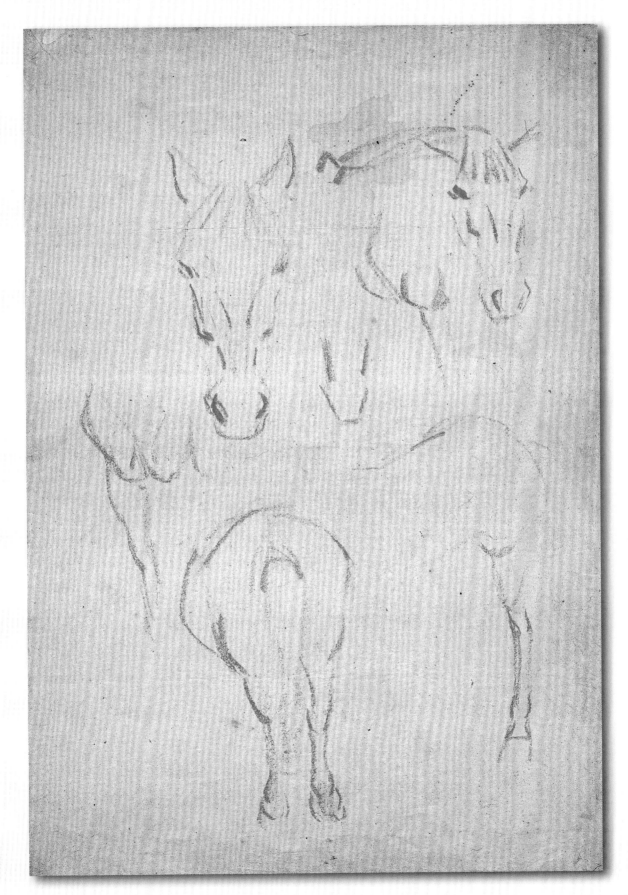

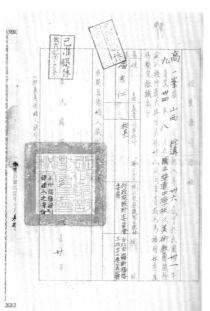
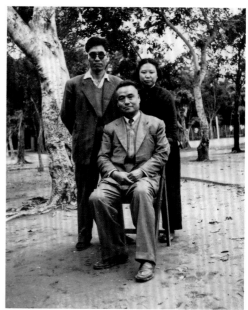

在中山堂辦公，為了就便鍛鍊身體，每日都自泉州街步行前往中山堂開會或辦事。大約是民國39年（1950年）初，有一天在經過重慶南路三段和南海路十字路口時，靠植物園那邊有不少違章建築，其中一間，門口排列著很多廣告畫。我見那些畫上的用筆，與一般廣告畫上的工藝氣息顯有不同，頗表驚異。當即問起作者是誰？高一峰先生從房中走出，說這些畫都是他的作品。又問起他的出身。他說：曾在北平就讀『京華美專』，但沒有畢業。逃難來臺之後，為了生活，便靠此技餬口。我當時感到像他那種天才，如長此以往，整天價畫工藝品，必將糟蹋無餘，實在可惜！正好有一位舊屬，在臺中中學作校長，便慨然答應替他謀一教職。在推薦信中，力陳站在國家立場，不當浪費這位天才，任他繼續畫廣告畫。不久覆信來了，甚表歡迎，要他帶作品前往面試，高先生便這樣正式到臺中任教。」

事實上，高一峰前往臺中任教之事，並非如此順利，前後還拖了兩年時間。由於岳父反對，認為高一峰眼疾未癒，遠離家庭，乏人照料；同時，由於學、經歷證件，在流亡中均已迭失，沒有這些證件，薪水極少，不如留在家中多作些畫，等養好了眼睛，再找工作。

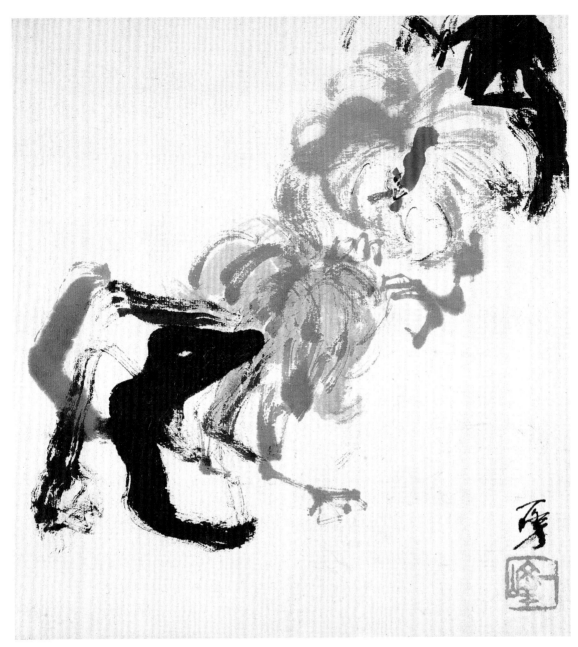

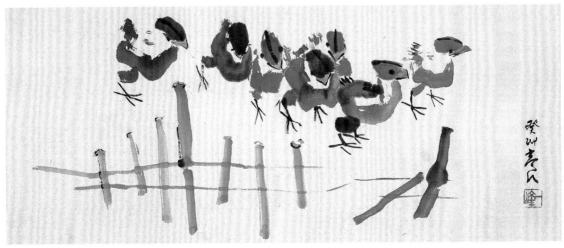

廣告社工作，在當年（1952）10月間結束，高一峰又失去了工作；為了養家，夫婦養了一群小雞，雞長大了可以賣錢，生了蛋可以吃。同時，這些小雞、公雞、母雞，都成為高一峰作畫的好題材。偶爾雞死了，全家人也會為之難過一陣子。

1953年間，他也一度取材大陸俗民生活的記憶或想像進行創作，如〈水上歌聲〉與〈等待哥來〉。前者取景江中小舟一角，船帆已經收起，露出畫面一角，船槳也放在船尾一邊，顯然是一天工作完成後的休

高一峰，〈雙禽覓食〉，年代未詳，速寫、紙，尺寸未詳。

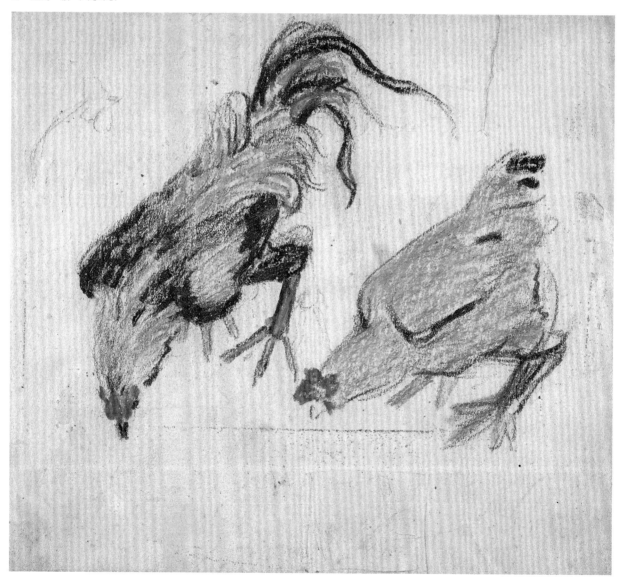

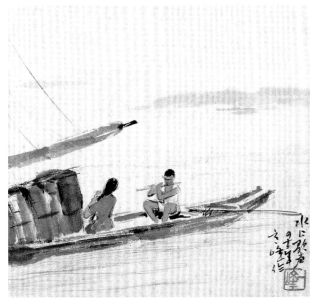

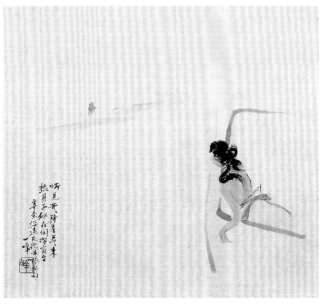

閒時光，籐竹編成的簡陋船艙邊，坐著一男一女，男子
拿著橫笛吹奏，女子則一邊側頭梳理長髮，一邊似乎也
側耳仔細聆聽這悠揚的笛聲而隨口哼唱著歌曲，歌聲飄
蕩水面，感動了畫家，也成為畫家記憶深處鮮明的印
象。這樣的場面，讓人聯想起沈從文的小說《邊城》，
荒遠沉靜的千年小城，浪漫多情的漁歌與愛情。

　　同樣手法的另一件小品〈等待哥來〉，應作於同年
或是稍後。以極簡的畫面，描繪一位倚在窗邊等待情郎
的思春女子之熱切情慾。取材自綏遠民歌：「聽見哥哥
騎著馬來，熱身子爬在個冷窗臺。」女子裸露的上身，
倚靠在冷冷的窗臺上，益發顯得俗民生活的情真與坦
率。

　　1953年8月，高一峰在醫生建議下，在臺大醫院將
害病的左眼割除，以免遺害了右眼。到了隔年（1954）
8月，高一峰還是接了聘書，前往臺中市立中學教書，
家人留在臺北。此時，小孩也已先後上了小學。

臺灣商務印書館出版的沈從文《邊城》一書書
影。

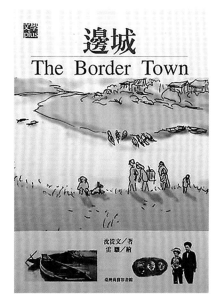

十日嚴霜菊若存 黃英晚節豈浮論
莫嫌依舊籬邊事 開向紅塵潤爪痕

壬午夏宗仁

4.

臺中教學與首次個展

1954 年秋天，高一峰在臺中市立中學擔任美術教師的年代，正是他的藝術作品逐漸形成明確風格的時期，筆法簡潔，創作數量大增。回憶塞北生活仍是他創作的主題。

1956 年暑假，高一峰在臺灣省立臺中圖書館（今合作金庫商業銀行臺中分行）舉行生平首次個展，內容既有西北生活的追憶：駱駝、駿馬、大漠、荒野，也有臺灣生活野趣的水牛、雞隻和各式花鳥。作品筆法靈動、構圖簡潔，神采中帶著一種超俗，豪健中透露一絲孤獨，正是高一峰生命的忠實寫照。

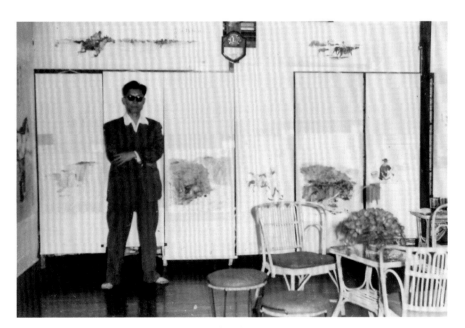

[本頁圖] 1960 年，高一峰在中山堂個展時，於自己的畫作前留影。
[左頁圖] 高一峰，〈爪痕〉，1954，水墨設色、紙，66×25cm。

夫妻兩隔

在家時的高一峰,處處倚賴夫人的照顧,離開了家,除了有更多的時間畫畫,也常在信中表達對家人的愛心和照顧的責任;尤其對夫人日益加重的類風濕性關節炎,更是諸多安慰、鼓勵。1954年10月,夫人日記中即載:「峰寄來五十元。信上說:我的病一定會好。退一萬步想,即使好不了,成了殘廢,只要他活著,便可負起生活的擔子,因為妻和子女都是他所愛的。字裡行間,充滿了誠摯的情意,令我感慨萬分。」(1954.11.9)

前往臺中任教的日子,也是高一峰作品逐漸形成明確風格的時期,筆法簡潔,產量大增。西北生活的記憶,仍是他創作時的最大靈感源泉。

駱駝和駿馬,是西北游牧生活中最具代表性的兩種動物;這兩種動物,一則沉穩負重、緩步行遠,一則靈現活躍、奔馳千里。高一峰說:

馬是驃悍的,在蒙古人手裡,就會馴若綿羊。與馬同伴的駱駝,卻是馴良無比的動物,牠和蒙古人同甘共苦,遇到沙漠上的風暴,遇到草原上的水草不濟,牠便為蒙古人駝負重載,搬向另一個草原。牠行走不算太快,但持久力異常驚人。牠不像馬的英俊瀟灑,而不辭辛勞,樸樸實實的個性,極其平易近人。

我在看到遠旅的駝隊,和那些蒙古隊商,不由自主地取出紙筆,追蹤他們速寫。牠們不像馬的快速,而是昂首挺胸一步一步地保持等速地走著。有時打尖在古樹下、廟門邊,隊商吸著旱煙、喝著馬奶,駱駝就坐憩一旁。細瞇著眼睛,不斷地動嘴磨牙,牠們在反芻、在享受咀嚼的清福。一聲不響,不像馬群的嘶叫,更不踢腿打滾,完全一派規距老實人的樣子。

我覺得蒙古人性格,樸質處像駱駝,驃悍處像馬。

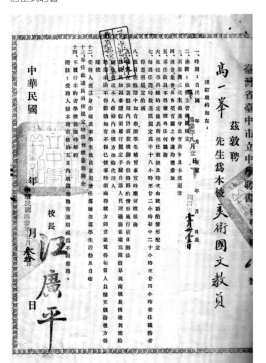

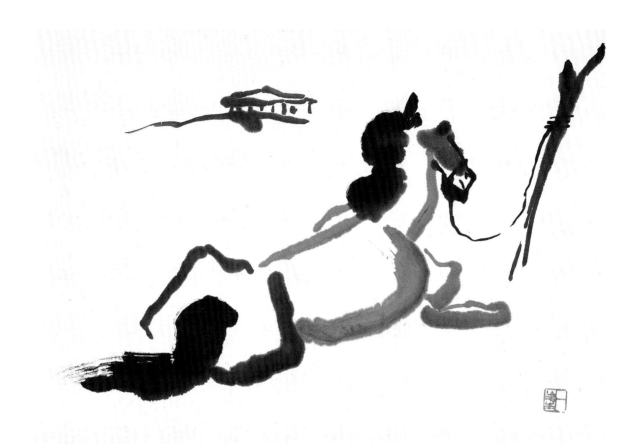

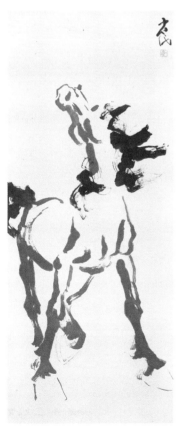

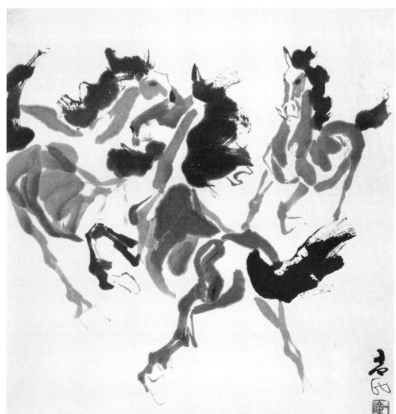

我又覺得我的性格像蒙古人，也有駱駝與馬的雙重性格。蒙古人進取時用駿馬作前鋒，保守時用駱駝來作後勤。我興奮時如逆馬的不可約束，安靜時如駱駝的勤苦自甘。於是駝、馬、蒙古人、我，聯成了不可分割的關係。蒙古人、駝、馬，引我為知己，我以他們作畫題，他們是我的影子。也是我的靈魂。（自述）

高一峰，〈胡天飛雪〉，1954，
水墨設色、紙，33×34cm。

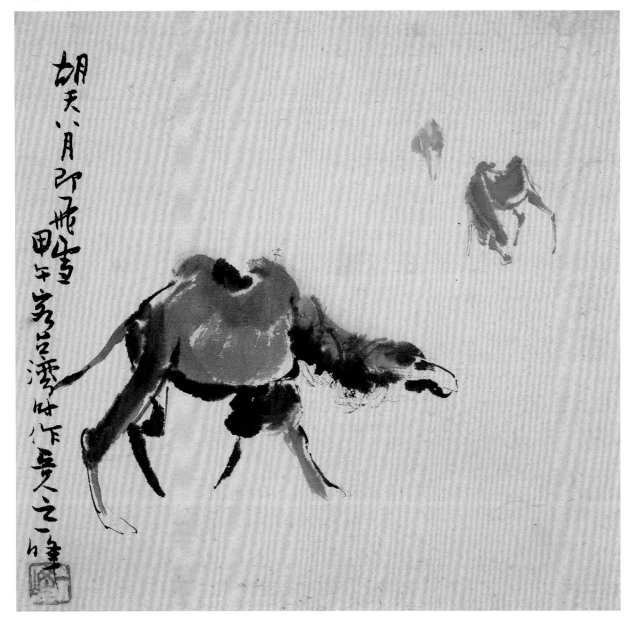

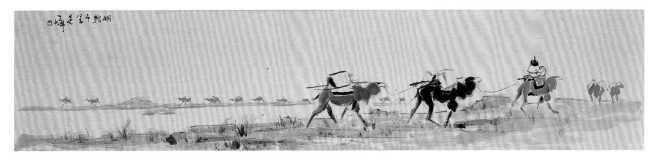

在病痛難過的日子中，高一峰正是以如此一種自我情感的移入，將西北的駱駝、駿馬，化為自我的象徵，表達了那些隱藏在靈魂深處的騷動與堅忍的性格。

1954年的〈胡天飛雪〉採取近距離的特寫手法，描繪一匹低頭前行的駱駝，筆法的運用，是勾染兼施，有些地方，如頸部、駝峰和後大腿，是以墨筆筆肚一氣呵成；細節的部分，如頭部的長鼻、下巴和尾巴、腳部等等，則以或細或粗的筆尖勾勒而成。更具體地說，也就是不再使用之前先用墨筆勾勒，再用水彩敷色的手法，而改採完全以毛筆筆觸的粗、細、輕、重，加上墨色的濃、淡變化，表現了駱駝有骨有肉又毛髮茸然的模樣；腳的足踝，只有後腳前方的一足淡淡勾出，其他各足完全略去，更讓人有足陷雪地或沙地的聯想，增加了前行沉重緩慢的感覺。畫面右方遠處，是另一匹轉身低頭覓食的駱駝，再遠處則以更為輕淡的墨筆，看似極不經意的點染兩三筆，形成一種孤獨樹立的意象。題記：「胡天八月即飛雪，甲午客臺灣時作，晉人高一峰」。全幅以斗方為尺度，緊密而生動，似真有逆風雪而獨行千里的孤寂之感，可視為早期之力作。

蒙古地區氣候高寒，8月之間，即有風雪之天，商旅、牧人，往往在這種惡劣的天氣中，要和大自然搏鬥，駱駝就成為人類最忠實的朋友，共患難、同生死，彼此感情也就格外密切。

同年（1954）又有〈明駝千里足〉一作，狹長的橫幅，前方三匹墨色輕重不一的駱駝為前景，遠方兩匹稍淡的駝影為中景，轉折為更遠方

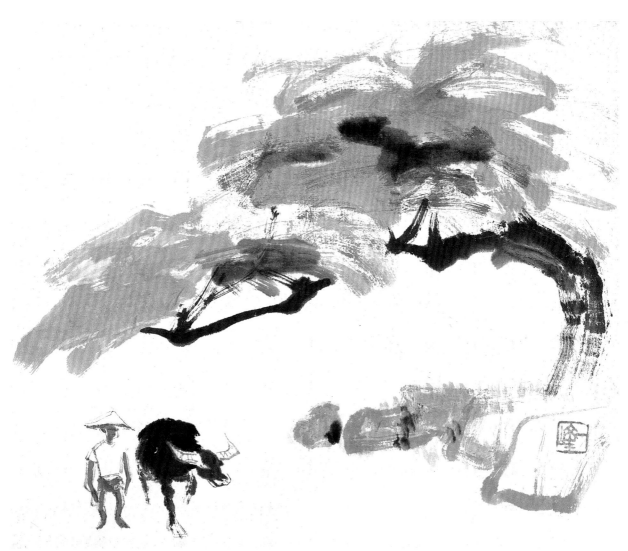

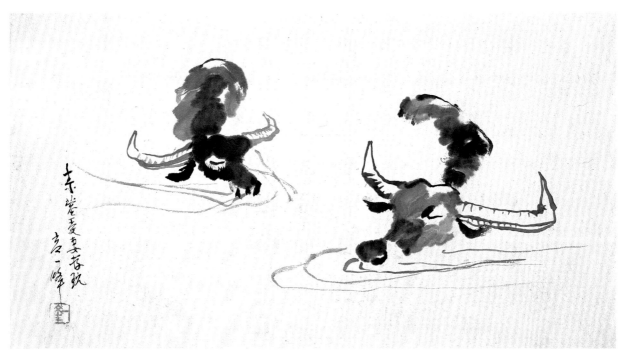

地平線上一整排的駝隊；曲折綿延數里，予人以漫漫長途、任重道遠的心理感受。所謂「明駝」，是當地人對駱駝的暱稱與美辭。其原因說法不一，有謂「明駝千里腳，駝臥腹不貼地，屈足漏明，故曰明駝。」這種說法，出自唐人段成式《酉陽雜俎》一書的〈毛篇〉，意思是說：駱駝善行，當他休息時，蹲臥下來，腹部為防沙地熱氣燙傷，懸空離地，藉由膝部的革質墊撐住身體，遠看，光線由腹中穿透而過，一如發光

[左頁上圖]
高一峰，〈伴〉，1956，
水墨、紙，39×45cm。

[左頁下圖]
高一峰，〈共浴〉，1962，
水墨、紙，38×69cm。

高一峰，〈歸〉，1956，
水墨設色、紙，50×51cm。

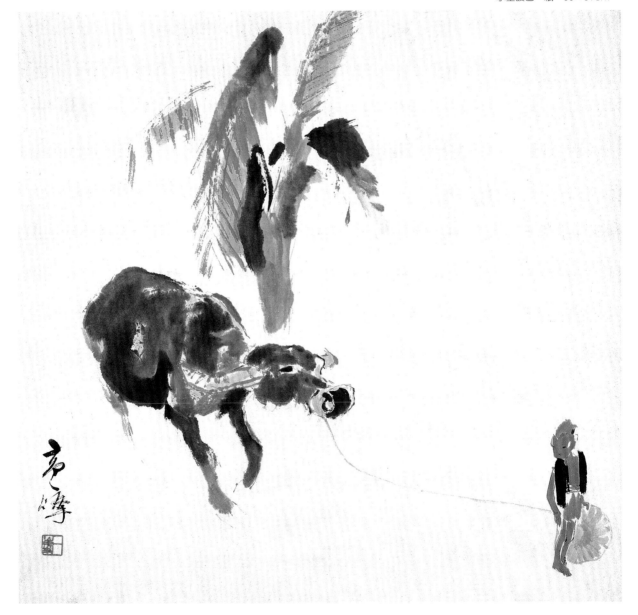

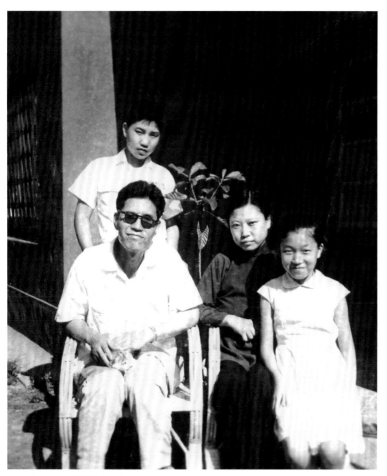
1959年，高一峰夫婦與長子
高燦、長女高慧合影於臺中自
宅院子裡。

狀，因此謂之「明駝」。但這種
說法，似較牽強；宋人所著《楊
太真外傳》，其注有云：「明駝
者，眼下有毛，夜能明，日馳
五百里。」似乎較貼近真實。因
為駱駝眼睛，有多重眼瞼，外
層尚有卷曲眼毛保護，不論是風
起沙飛的白天，或月暗無明的夜
間，駱駝均能辨視路途，不致迷
失，所以人稱「明駝」。

高一峰在作品中題跋「明
駝千里足」，可能是語出〈木
蘭詩〉，所謂「木蘭不用尚書
郎，願借明駝千里足，送兒還故
鄉。」在讚美駱駝目明善辨、能
行遠路的能耐外，也有暗含「還
故鄉」的深沉思念。

這段期間，有幾位同是大陸來臺的朋友，成為他創作上的知己，包
括婁志清、王爾昌等人；其中，王爾昌更與他在臺中自由路的臺灣省立
臺中圖書館，舉辦了一場聯展，一位外國人還買了高一峰的兩幅水中的
牧牛圖，也算是對他這段時間辛苦創作的肯定與支持。

定居臺中，勤奮作畫

1955年6月，高一峰在臺中的生活已經安定，便把全家人接往同
住。房子是臺中市立一中分校的一間舊教室，雖然簡樸，全家人總算可
以脫離寄居人家的生活，獨立過日子。

暑假期間，高一峰勤奮地天天作畫，保存了十幾幅較為滿意的作

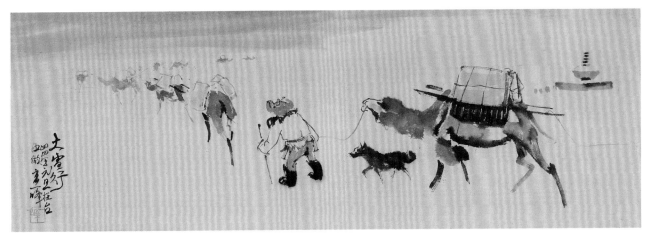

高一峰，〈大雪行〉，1955，
水墨設色、紙，尺寸未詳。

品，夫人則是最好的欣賞者及參與者。

　　所謂畫畫可以怡情養性的説法，只不過是業餘畫家偶爾塗鴉遊戲的
心情，對專業畫家而言，創作本身就是一場戰爭、苦鬥，向完美、未知
的不懈挑戰，就如創作於1955年的〈大雪行〉。

　　1955年，是一個創作豐收的年代。再漫長的旅程，總是有起點、有
終點，也有中途的休息站。約1955年前後所作的〈整裝〉（P.58）一作，就
表現了駝隊即將出發前，忙碌、熱鬧的景象。正方形的構圖，牧人們正
忙於將行囊裝載到駱駝的背上，已經裝載妥當的，被牽引到右後方的隊
伍當中；未裝載的，則在一旁依序等候，一些行李散亂地擺在一旁，幾
隻小狗也趴臥在旁邊等待起程，一只裝水的皮囊隨手丟在地面……，整
個畫面在濃淡有致、空間分明的配置下，一如題跋所記：「西北牧人之
駝旅生涯」，生動而逼真的呈現眼前，墨色與空間層次的韻律，就如現
場忙碌而有序的氛圍一般。

　　高一峰塞北行跡的系列作品，貫穿他整個創作生命的歷程，早年描
述性的作品，愈到後期，愈趨於表現的手法，其中孤寂、寒冷、昏黃的
意象，尤其藉著一些駝旅的主題，表現得愈發淋漓盡致。同樣的構圖，
高一峰會持續不斷的重覆練習，大部分的稿子最後都遭到丟棄、撕毀的
命運，少數留存下來的，可以看出他思索著力的痕跡。大約創作於1955
年的〈雪地行旅〉（P.59）與〈孤城晚色〉（P.20），分別有洪蘭友和于右任的

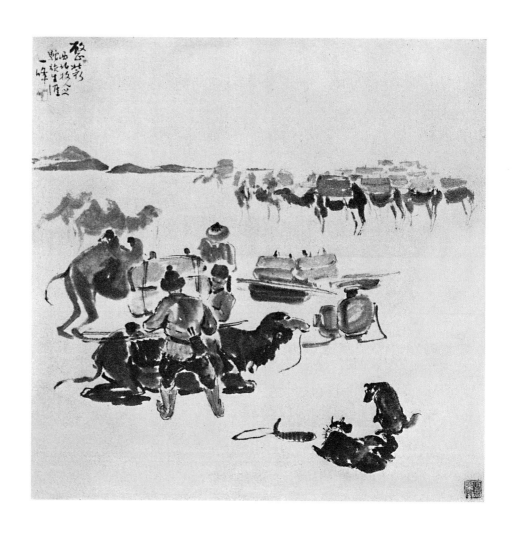

高一峰，〈整裝〉，1955，
水墨、紙，尺寸未詳。

題字，二者在看似頗為相近的構圖中，前者以較為濃重的墨色，強調了
雪地行旅的孤寂，過城而不入，旅隊蜿蜒繞城而行；而後者則以較少的
隊伍，烘托昏黃時分，大漠孤城的寂寞。

　　在塞北牧人的駝旅生活中，漫長旅程的水源補給與中途休息，是
極為重要。1956年的〈投宿〉（P.60），描繪的正是旅人即將接近一個休息
站，馬匹、驢子顯然已經有些疲憊，旅人則揮鞭催趕的模樣。這位揮鞭
的御者，頭戴包頭帽，身上的衣服，先以細筆繪成，然後由黃、由藍，
而黑的層層施彩，製造了豐富的光線變化，也和前方奮力拖拉的馬匹，
構成畫面的視覺中心。另一位旅人側身躺臥一旁，狀極舒適，回頭望向
目的地。他們所坐的，是一些以皮布包裹、線繩捆綁的貨物，筆法簡潔

而精確。馬車的車輪，以墨筆一筆圈成，下方飛白處，加上黃色，交待了受光面的變化，車軸一筆一筆，肯定而具力道，車輪後方還有一些齒狀的突起，是避免車輪在沙地空轉滑動的裝置。後方還緊緊跟著一位持棍、背物的旅人，由於旅人緊靠畫幅左下邊緣，讓人產生後方或許還有一道長長的隊伍也說不定的延展性聯想，加大了畫幅的無形空間。人物、車子、馬匹、驢子立足處，都有一道黑線，避免物體的輕飄不實，但也暗示了這是一個烈日當空的日子，亟需水源的補給以解渴。前方就有一口井，有一人站在井口，彎身汲水，旁邊馬槽，有三匹低頭飲水的馬；後方又有一人，牽了一灰一棕的馬匹前來，準備飲水。遠方以圍牆

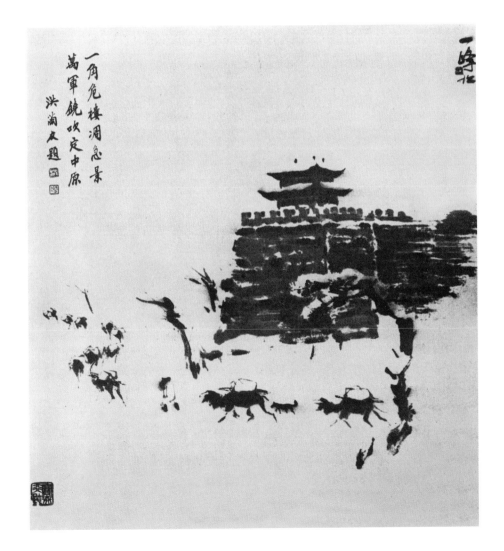

高一峰，〈雪地行旅〉，1955，水墨設色、紙，尺寸未詳。

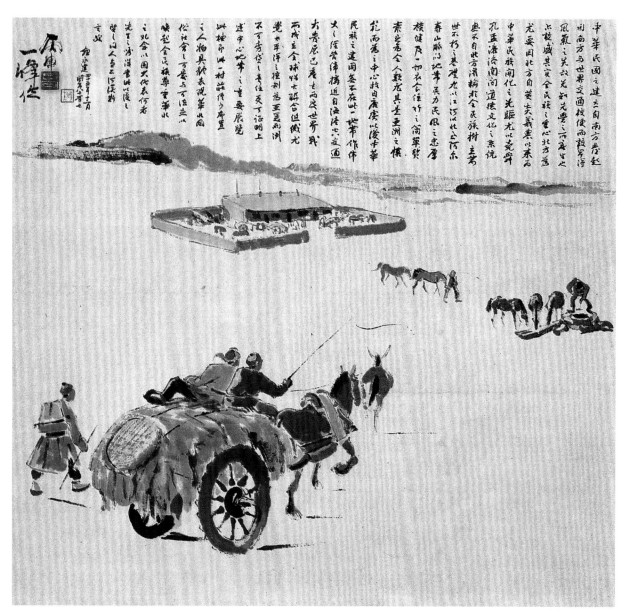

高一峰，〈投宿〉，1956，
水墨設色、紙，56×60 cm。

圍住的休息站，院子布滿了馬匹和馬車，不見人影，應是已經進入後方
的屋內休息。畫幅視野採取一種稍帶鳥瞰的角度，加大了空間的感覺，
也呈顯了更具全知式的動態變化，這是高一峰擅長的手法，再加上以簡
馭繁、粗中帶細的筆法，便構成了高一峰豪健中有柔情、粗獷中有細心
的特殊藝術風格。

　　此作上緣天空處，由鈕永建題寫了密密麻麻的一篇題記，增美了

畫面對比的效果。鈕文的主旨,在陳述中國北方的重要,也是文明發展
的源頭,並讚美高氏之作可以提醒人們:固然南方是近代文明開風氣之
先的地方,但北方淳樸、可愛的風土人情,仍是不可輕忽遺忘的文明之
鄉。

　　對中國北方,尤其是西北的看重,是中國明末以來,許多學者,如

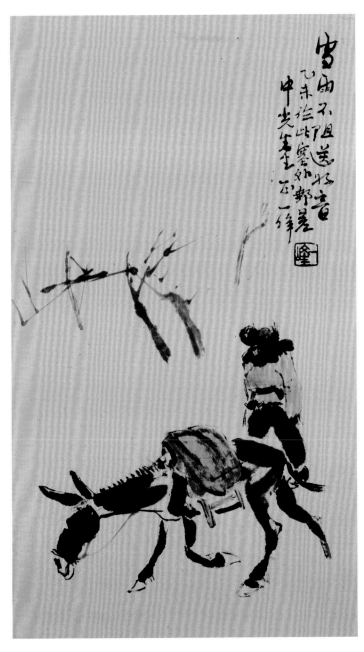

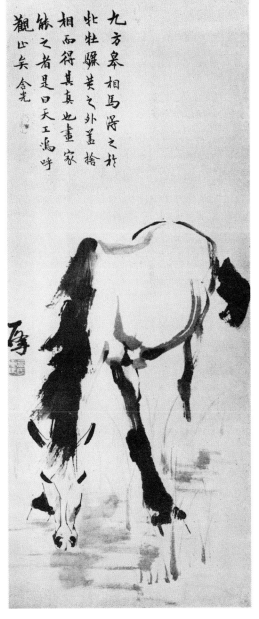

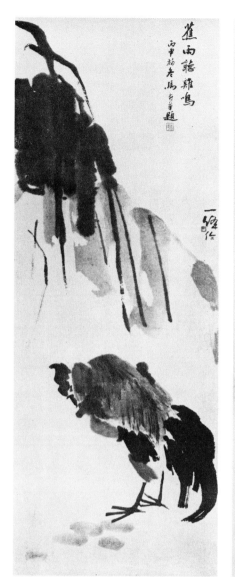

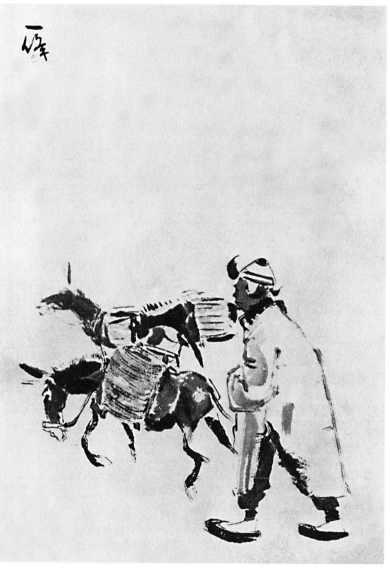

[左圖]
高一峰，〈雨〉，1956，
水墨、紙，尺寸未詳。

[右圖]
高一峰，〈趕路〉，
1955-1956，水墨、紙，
尺寸未詳。

顧炎武等人一再呼籲的論點；包括近代重要史學家錢穆也多次陳述：中
國之復興，關鍵在西北。概自唐代中葉安祿山之亂以降，北方便有逐漸
凋零的現象，水利破壞、人口頓減、人才凋落、行政區畫減少……，取
代的是南方的奮起與發達，這固然有世界文化發展，由大陸轉向海洋的
趨勢使然，但西北是中國與歐亞其他國家交接的重要路橋，如何重振該
地文明的光輝，關係著中國整體的發展。

　　高一峰畫作，自無如此鉅偉的觀點與企圖，但作為一個藝術家，高

一峰的確成功地形塑並傳達了中國塞北地方人民純樸、勤奮、豁達、開朗，又充滿生命力的文化氣息。

或是酷熱炎夏、或是天寒將雪，西北牧民永遠要和惡劣的天候進行永不停息的鬥爭。〈趕路〉一作，約成於1955至1956年間，一人二驢，各有動態，驢子身上綁了沉重的貨物，一隻昂首、一隻低頭，驢子的前蹄彎曲，表達了任重道遠及逆風而行的艱難；牧人身著大袍，頭戴氈帽，雙手抱在胸前，腳上穿了防止陷入雪地的大鞋，背部微駝。高一峰在描畫西北牧民生活艱難、歌頌其生命毅力的同時，也帶著一份人道主義的關懷與同情。

可能也是作於1955至1956年間的〈賣酒翁〉，呈現的是一位已經過了勞動年齡的老人，為了生計，在寒冬的街頭，提酒兜售的情景。空曠無人的街頭、枯乾的枝椏、寂寞的白牆，老人獨立張望，似乎正猶豫下一步不知該往那個方向去，張開的嘴巴，是一口缺牙，一如賈景德的題詞：「寒林古剎天將雪，蹣跚街頭賣酒翁」這種對中下階層俗民生活的關懷，事實上也是高一峰創作的另一主軸，將在文後專節「首次個展，聲譽鵲起」(P.73)討論。高一峰自我身殘，終生為疾病所苦，一度還為失業所迫的親身經歷，使他在創作中，對貧苦大眾有著無限的同情與關懷。

不過，整體而言，高一峰始終是一個積極樂觀的人，儘管在晚年，

高一峰，〈賣酒翁〉，
1955-1956，水墨設色、紙，
69×45cm。

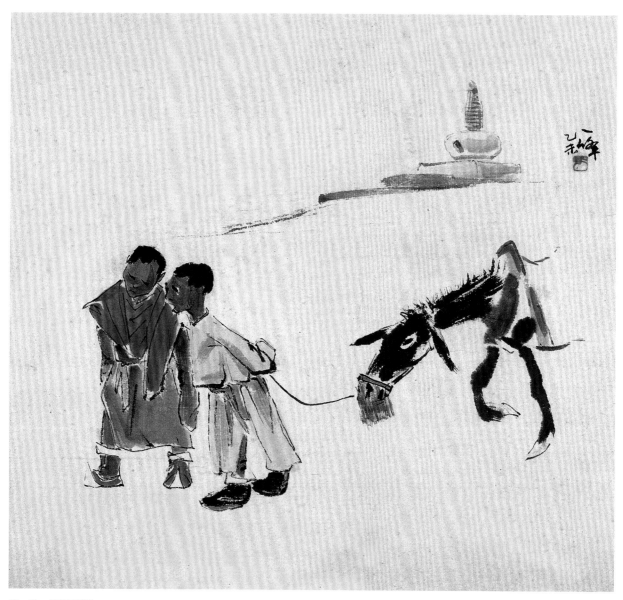

高一峰,〈喇嘛與驢〉,1955,
水墨設色、紙,尺寸未詳。

有時會對人抱怨:「畫畫,實在沒什麼意義!一張白紙是最完整的!」
一類的話,但基本上,這是對藝術本身的一種自我要求,而非真正的悲
觀虛無。他對自我的作品,始終有所不滿,始終精進不懈,畫面上,也
始終充滿了生命力、幽默感,以及一種幽遠、閒靜的境界。

作於1955年的〈喇嘛與驢〉,就帶有高度的幽默感。兩個穿著紅、
黃長衣的喇嘛,一副三姑六婆的模樣,短矮的身形、黝黑的皮膚,身穿

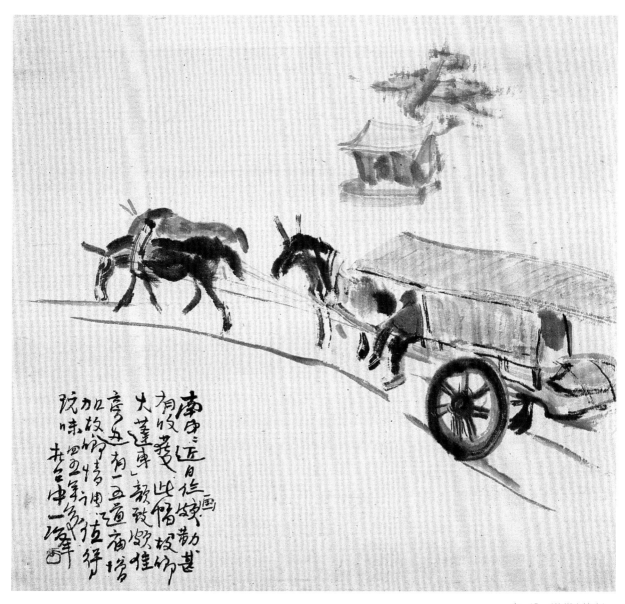

高一峰，〈故鄉大篷車〉，
1956，水墨設色、紙，
尺寸未詳。

黃衣的一位，雙手背在背後，拉著驢子，身體微側向前，貼近另一位喇嘛，似乎正談論、敍述一段不為人知也不得輕易告人的祕密；另一位身披紅色圍巾的喇嘛，則側著耳朵，仔細傾聽。背後的驢子畫了半截，簡潔而肯定的筆法，畫出這隻笨驢一副置身事外、不屑一聽的模樣，相較之下，更顯得這兩位喇嘛的無聊。而喇嘛寺的高塔就遠遠地矗立在沙漠的另一端。高一峰的藝術，在相當的程度中，跳脫了傳統水墨不食人間

煙火的靜雅，而以幽默的角度，觀察、刻畫了一般世俗的生活情調，這類作品，已非只是筆墨手法的高下而已，在近代臺灣水墨發展上，具有相當的革命性與開拓性。

大約也是成於1956年的〈行旅〉，以一條飛白狀的枯筆，拖出一條長路，幾個人安靜而沉緩地在行旅中行進，一位坐在載貨馬車上的，看似一個小孩，另兩位走在前方的，則是一女一男；男子寬大的身體正好遮住了拖車前進的馬匹，而一匹驢子則安靜的跟隨在後，身體一半伸出畫面之外，生活就是如此安靜、緩慢而不斷前行，一代又一代……。

同樣是1956年的〈故鄉大篷車〉（P.65），採斗方的畫幅，以稍帶鳥瞰的取景，描繪一位悠閒地坐在篷車上的御者，牽著兩匹走在前方的驢子，帶領著另一匹拉車的驢子，沿著一道小徑前行，彷彿就有達達的蹄聲和轆轆的轉輪聲；後方是一座位於古樹下的小廟。高一峰將這幅作品送給他的妻弟炳南，並題記：「南弟：近日作畫頗勤，甚有收穫。此幅〈故鄉大篷車〉，韻致頗佳，旁邊有一五道廟，增加故鄉情調，值得玩味。」枯筆淡墨，再加上微黃擦染，北方風情自然洋溢畫面，筆簡而意深。

篷車的題材，另見於高一峰其他二作，時間亦應都在1956年

高一峰，〈行旅〉，1956，
水墨設色、紙，尺寸未詳。

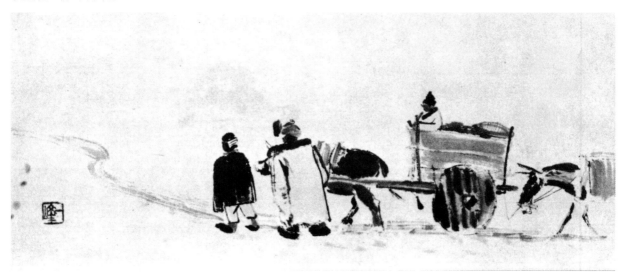

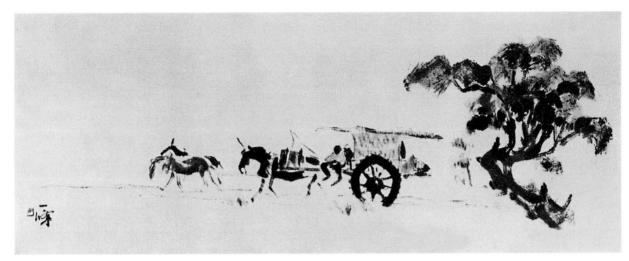

高一峰，〈篷車〉，1956，
水墨、紙，尺寸未詳。

間。〈旅途〉﹙P.68-69﹚一作，五道廟移到平行畫面的右方，廟前有一低頭吃草的羊，篷車以相反的方向，即將走出畫面，連結篷車、老樹、古廟和羊隻的，是一條暗示了遠山的墨線，畫面有動、有靜，方向有左、有右，一切似在不經意之中，草草而成，而一切又盡在經意的安排之中。

〈篷車〉一作，則取近景特寫，老樹身姿曲折，篷車緩緩行進，仍然是三驢一車，車上的人身體側坐，雙腳懸掛，一副悠閒自得模樣；三匹驢子，以墨筆寫成，一腳一筆，準確而生動，動感十足，而形質精確。

塞北牧民的生活，顯然有艱辛，也有悠閒的一面。不過，整體而言，整個牧民生活中，最令高一峰印象深刻的，恐怕還是那些靈動健美的牧民兒女。

從早期作品的〈三個蒙古孩子〉開始，那些策馬奔馳的牧民兒女，便始終縈繞在高一峰的腦海中。

高一峰曾說：「秋高馬肥，是蒙古人和蒙古馬群活躍的季節，大草原的牧馬、養馬，場面特別偉大，我看到不用鞍韁上馬的小娃，揪著馬鬃馳騁嬉戲。」﹙自述﹚

這些大漠兒女奔馳的主題，擺脫了先前〈三個蒙古孩子〉的說明性，而帶著一種強烈的表現性。大約是在1956年前後，高一峰以單馬為

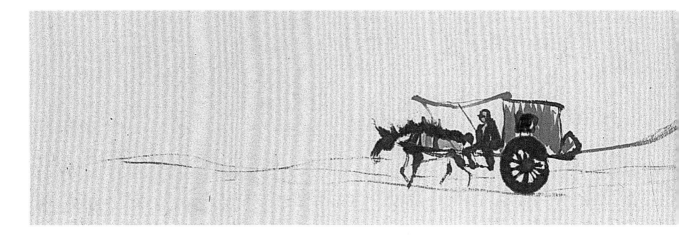

主題的作品，已逐漸出現，形成另一創作主軸，這和他1954年南下臺中教書，時常利用假期前往臺中后里馬場寫生速寫、重新觀察馬匹的結構動態有關。

在1955、1956年間，又有〈風雪夜行〉（P.70左圖）這樣的作品，對馬的造形，有了更進一步的揣摩與描繪。這件在題跋上仍保留著早年的習慣，寫著「晉人高一峰」的作品，以立軸畫面下方約三分之一的部分，描寫一位逆著風雪、奮力前行的旅人，拉著一匹健壯的大馬，這匹馬的畫法，可以看出是先以細筆勾勒，然後再施加墨色，墨色施加的重點，並不在形態的烘托，而是在明暗面的交待；因此，全幅看來，儘管筆法飛揚（尤其是鬃毛與馬尾處），但西式素描般的量感，才是這件作品的追求所在。

約1956年，可能是寫生技巧的熟練與趣味的轉向，捨描為寫成為一個趨勢。一件題名〈遙望〉（P.71）的作品，描寫一站一臥的兩匹駿馬，背對著觀眾，而面向畫面遠方，遙遠的平野，構圖上近似於早年的〈召廟印象〉（P.18上圖），手法上也是先以墨筆勾勒輪廓，然後施以水彩；不過，這時的墨筆筆觸，已然開始捨描為寫，線條簡潔而具性格，筆筆之間，肯定而富情感，和之前的墨線，僅在勾勒界定形體，已經完全不同，地面的數筆，也是快速而意在筆先。

一件明確標記作於1956年（丙申年）的〈芳草〉（P.70右圖），應是高

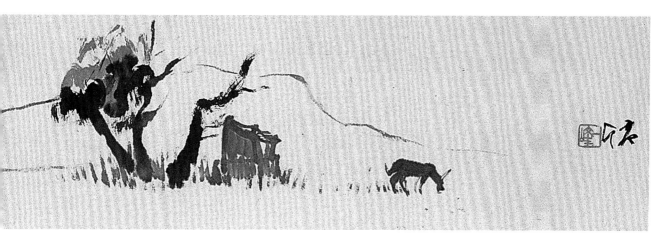

一峰寫意水墨馬畫中現存較早的一作。這件描寫單馬低頭吃草的作品,既寫形又畫體,筆畫勾畫揮寫之間,因形運筆,筆落形生,也就不再是西方素描觀念的畫法了。

從這件作品的構成形式來判讀,高一峰很可能是從馬尾的數筆狂草先行著手,之後,勾勒上方之臀部,圓中帶骨,然後接連波曲的馬背,再由馬鬃快速數筆接連而下,並回頭加上兩旁的肩部,和回勾之下的腹部,此時,以細筆描摹馬耳、馬臉,最後加上馬腳、馬蹄,以取得平衡。地面以乾筆擦染的芳草,則是完成馬隻之後,再修飾加畫上去的。

這個時期的高一峰,是否從徐悲鴻的馬畫中,求得靈感,不無可能,但如上述的揮寫過程,應是在相當素描基礎之後,在宣紙上經過多次的摹寫試畫,直到熟練,而一氣呵成的。這當中不是看著圖稿,依樣畫葫蘆的結果,而是來自自我深刻的體驗揣摩,自然流露,一如天成。正如其夫人所說的:「他所苦苦的要求表現的,就是要經由馬的形體而表現出一種內在的精神意象。」(1960.1.8)

同樣是1957年的另一作品〈跑〉(P.72),揮寫的順序,則完全倒反。這件作品的形成,應是先以濃墨塗染馬臉,由眼部落筆畫向鼻梁,在嘴部收筆轉折,另加一筆為頰部,並改為淡墨細筆勾出頸部下沿及肩部。接著,快筆狂草馬鬃,並運筆描摹圓中帶骨的臀部,此時,加上馬尾,並同時左右向下發展,分別勾出腹部、腿部,以及濃淡有致的四足。

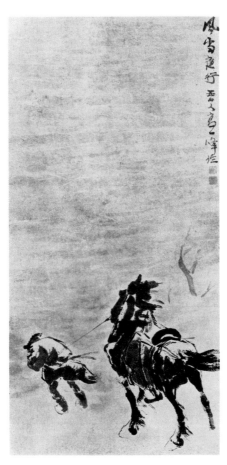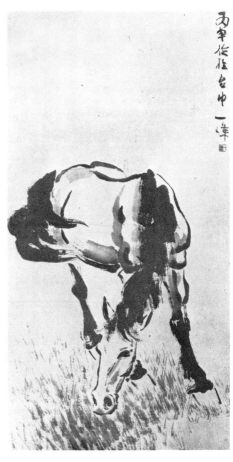

[左圖]
高一峰,〈風雪夜行〉,
1955-1956,水墨、紙色,
尺寸未詳。

[右圖]
高一峰,〈芳草〉,1956,
水墨、紙,尺寸未詳。

　　結合馬的水墨寫意畫法,對大漠兒女的描繪,也就有了另外一番面貌。1956年的〈蒙古召廟〉(P.77),運用大量的水墨渲染,召廟建物層次井然的矗立在山丘環抱之中,廟前廣大的廟埕,前方還有兩支旗竿。而畫面最前方,則有兩、三位蒙古人,似乎正從此處前行,只要繞過前方的小徑,便可到達山丘之後的廟埕入口。這種鳥瞰式的構圖,配合以墨色渲染的山丘高嶺,在視野寬闊之中,多了一份神祕幽靜。不過,正方形的畫幅,在虛實留白的構圖中,仍帶著一些西方式的透視法則,如廟宇建築及廟埕、旗竿等,這些畫面的主體,恰好橫過畫幅上下二分之一的位置,成為這件作品匠心獨運的特色所在,也表現了高一峰在融合傳統水墨寫意畫法和現實寫真事物之間,特有的用心與能力。

　　對塞北生活的回憶,由清晰說明刻畫,逐漸轉為動態寫意表現,

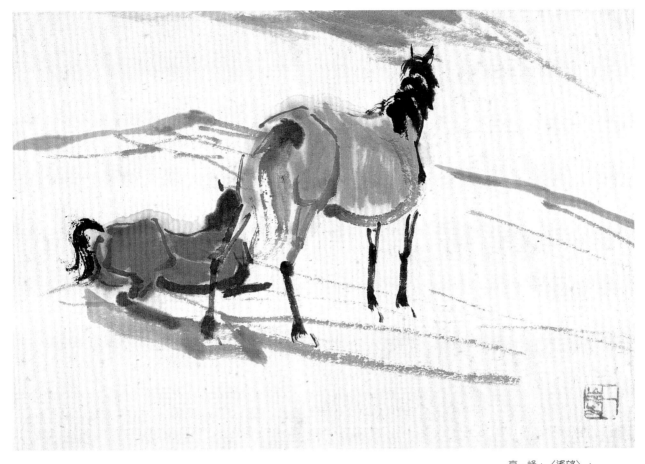

高一峰，〈遙望〉，
1955-1956，水墨設色、紙，
21×31cm。

其中也有一些則以更精簡的筆墨，表達一種意到筆不到的意境。一件可能作於1958年前後的〈塞外風光〉(P.73上圖)，以極長的橫幅，簡拙的筆法，點畫出塞北古廟、山丘、羊群、古塔、馬匹、荒野的意象，各個物景，不求精細，點染之間，只求整體氛圍的掌握呈現。

另一件署名「致運先生雅屬」的〈駝旅（三）〉(P.73下圖)，一反之前講究以墨筆表現駱駝毛髮茸然的作法，以極簡如符號般的畫法，配合枯枝、歪斜的佛塔、拖曳長筆表示的沙丘，以及遠方的矮山等等，獨行於駝隊前方的，也是一個只具形骸的人形；似與不似，已非畫面重心，而是筆墨流動中，散發的一種巨大孤寂與寧靜。

這些簡筆而超長橫幅的作品，在高氏作品中，自成一個系統，總是充滿了一種無奈、孤寂與飄泊的感受。

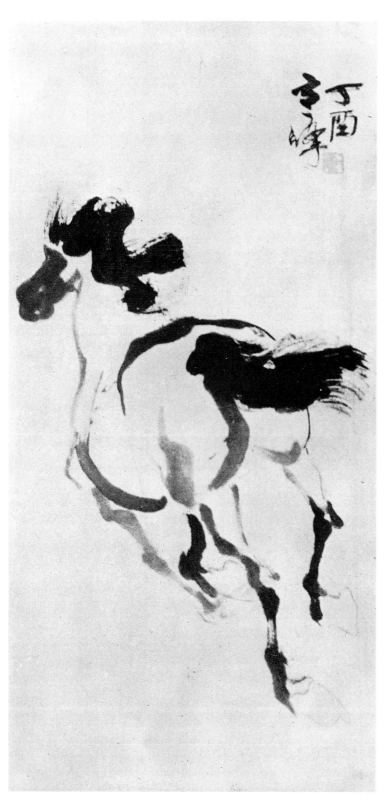

高一峰，〈跑〉，1957，水墨、紙，尺寸未詳。

　　1955年一件〈自畫像（一）〉（P.144），散亂的頭髮，枯澀而帶著力道的筆觸，描寫微微低頭、戴著墨鏡的畫家本人。畫上題記：「今日之我信筆塗抹，明天像誰任君去說。」又有臺中市一中同事石上（徐人眾）的題詞：「應是傷心訴無處，閒描瘦影與人看。」孤寂艱難之中，仍帶著一股尚未澆息的傲氣與豪氣。

　　由於割除左眼的創傷，和右眼也瀕臨失明的心理恐懼，高一峰對失明的盲人有著更多的同情，約作於1955年的〈按摩女〉（P.74下圖）和〈賣唱者（一）〉（P.74上圖）、〈賣唱者（二）〉（P.76），畫的都是街頭盲人悲歌。偌大的畫面，將盲人的身影，侷促一角，傾斜的身形、拉長的陰影，一種社會弱勢者的身影，顯露無遺，博人同情。其中〈賣唱者（二）〉，盲人夫妻之外，再加上一個提籃的小孩，和一隻瘦小的狗，悲愴的三弦琴，幾乎隱約可以聽見，生命的無奈，以及沒有期待的日子。畫

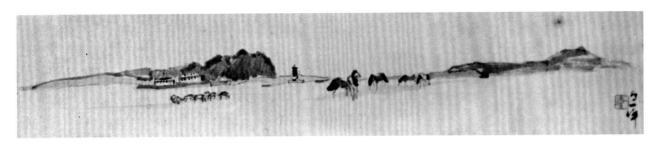

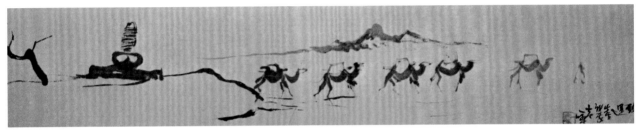

[上圖]
高一峰,〈塞外風光〉,
約1958,水墨設色、紙,
尺寸未詳。

[下圖]
高一峰,〈駝旅(三)〉,
1960,水墨、紙,尺寸未詳。

家對這些悲慘家庭的同情,化為永恆的畫面,簡潔的筆法與匠心獨具的構圖,也使作品拉開了可能淪為一般插圖的危機,而透露著高度的藝術性。

　　高一峰對俗民生活的關懷是多面向的,從坐在矮凳上纏綁裹腳布的〈老祖母〉(P.75上圖),到街頭賣藝、走動的形形色色行業與人物,高一峰以敏銳的觀察,帶著些許的幽默,一一入畫。

　　那裸著健壯上身的中年男子,一手以雙指夾著狗皮膏藥,高高的舉起,一手以誇張的手勢,擊胸頓足、目瞪口斜,盡力地吹噓藥品的功效,一把劍丟置在一旁,一位幫忙擊鼓的助手,和幾位或蹲或立、一副心不在焉的觀眾,刻意壓縮的身形比例,益發突顯了〈賣藥郎中〉(P.75下圖)的職業特色。

首次個展,聲譽鵲起

　　這一年(1956)暑假,7月21、22日,高一峰終於在臺灣省立臺中圖書館舉行生平首次個展,一共展出作品五十七幅。內容既有西北生活的追憶:駱駝、駿馬、大漠、荒野,也有臺灣生活野趣的水牛、小雞、

高一峰，〈賣唱者（一）〉，
1955，水墨設色、紙，
30×31cm。

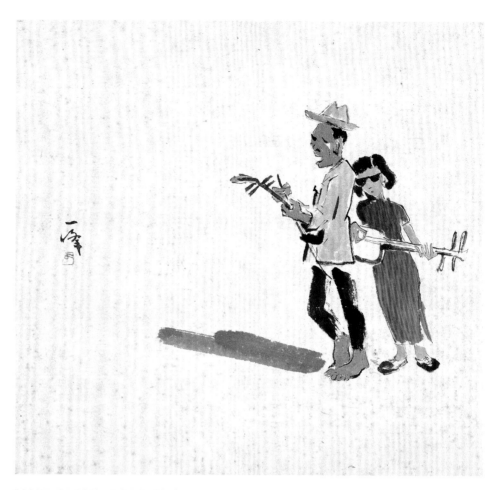

高一峰，〈按摩女〉，
1955，水墨、紙，
44×46cm。

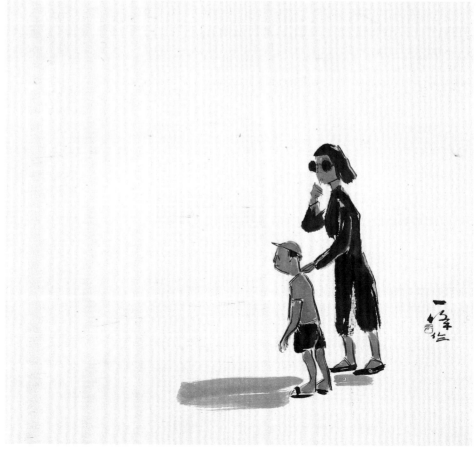

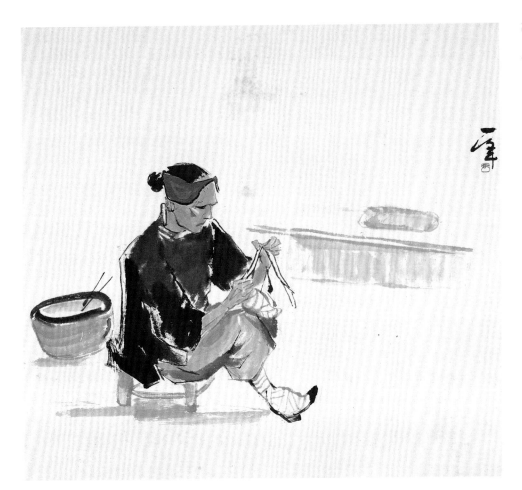

高一峰，〈老祖母〉，
1955，水墨設色、紙，
44×47cm。

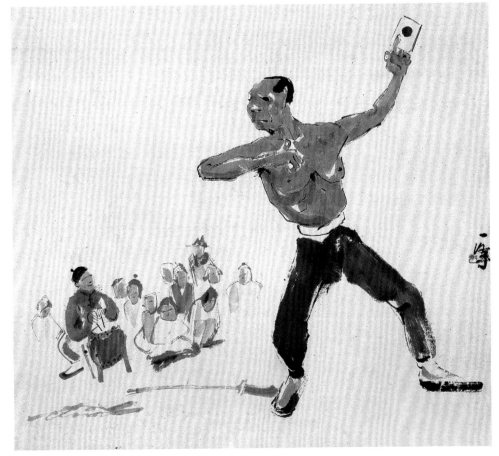

高一峰，〈賣藥郎中〉，
1955，水墨設色、紙，
73×51cm。

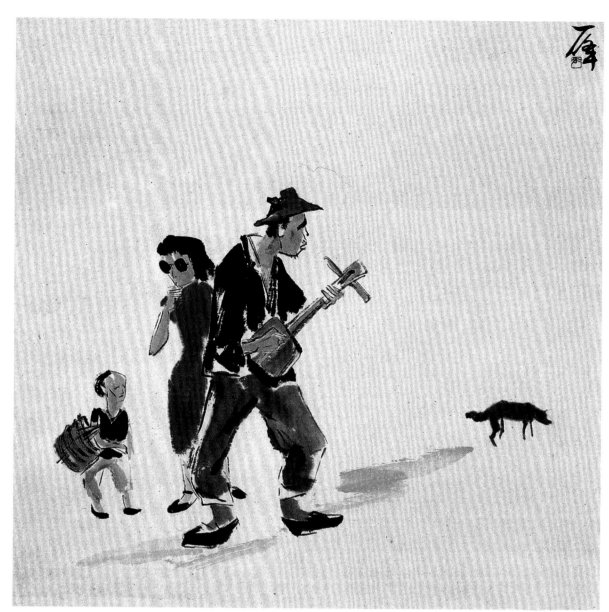

高一峰，〈賣唱者（二）〉，
1955，水墨設色、紙，
46×46cm。

公雞和各式花鳥。尤其如〈按摩女〉、〈賣唱者〉等，更是充滿對下層
階層人民生活的關懷與同情。那些筆法靈動、構圖簡潔的作品，神采中
帶著一種超俗，豪健中透露著一絲孤獨，正是高一峰生命的忠實寫照。

　　臺中畫展的成功，讓他結識了更多的同道，也激發了當年12月，繼
續在臺北開畫展的信心與決心，這是他多年來的心願。

　　儘管獲得如泉湧般的善意批評和鼓勵，證明高一峰這些年在愁苦生
活中的不懈努力沒有白費，個人的藝術生命也逐漸成熟，然而在實際的
經濟效益上，卻沒有多少改善；為了畫展，欠了裱畫店一千多元，夫妻
二人商量，只得忍痛將收藏多年的齊白石畫作〈獨酌〉，送去寄賣，以

償債務。

　　為了年底的展出，高一峰把握有限的時間，認真創作，許多時候，天色未亮，他就起床，開燈作畫。此時，作品風格也越來越清晰，除了西北生活的回憶之外，以身旁事物為題材的作品也越來越多，〈蒙古召廟〉、〈投宿〉（P.60）、〈行旅〉（P.66）、〈故鄉大篷車〉（P.65）、〈芳草〉（P.81左圖），以及〈慧慧的寫生像〉（P.78）、〈歸牧〉（P.81右圖）、〈幽禽相對

高一峰，〈蒙古召廟〉，1956，水墨、紙，尺寸未詳。

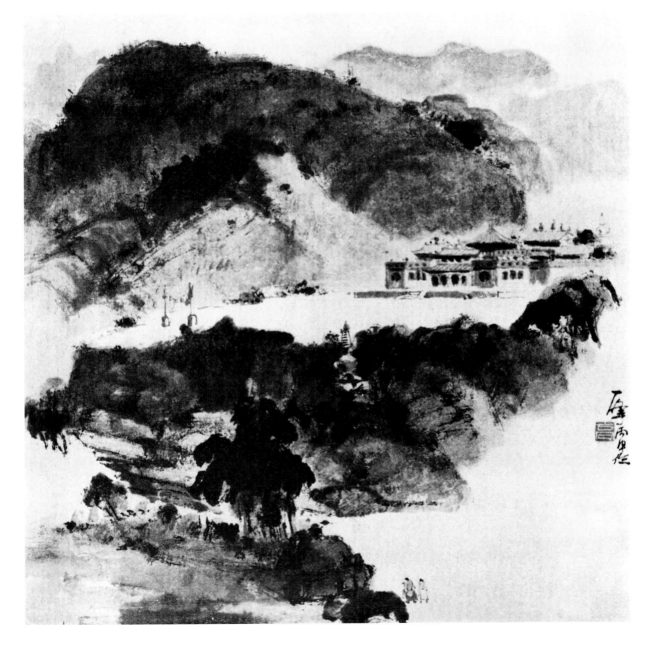

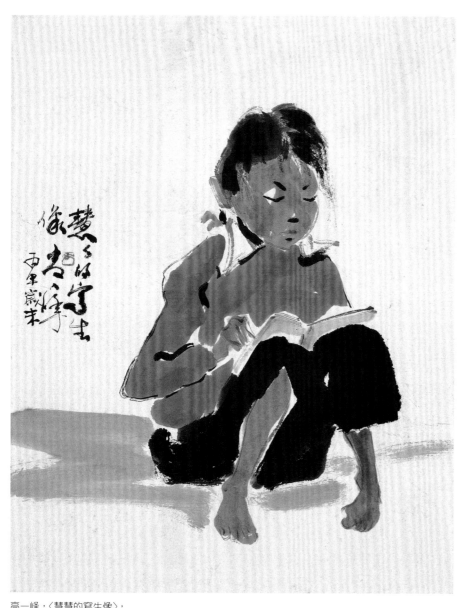

高一峰,〈慧慧的寫生像〉,
1956,水墨設色、紙,
37×29cm。

語〉（P.80）等等，都是這個時期的作品。

年底的畫展，按計畫在臺北市中山堂舉行三天，展出作品八十多幅，仍以西北風光、駿馬、花鳥小品為主。

岳父張慶恩基於愛婿心情，也期待畫展的賣畫情形可以提升，特地透過個人情誼，商請數位名家好友，在高一峰的畫上題詠；而開幕當天，又邀請藝壇名流前來捧場，當時出席畫展的人士，都是臺灣藝文界的重量級人物，包括：張道藩（1897-1968）、美術教育家，曾任立法院院長，成立中國文藝協會；黃國書（1905-1987），陸軍中將，首屆立法委員，後任立法院院長；賈景德（1880-1960），晚清進士，書法家，曾任考試院院長；谷鳳翔（1906-1989），監察委員，曾任司法行政部部長；黃君璧（1898-1991）、袁樞真（1912-1999）、孫多慈（1913-1975）、鄭月波（1907-1991），均為師大藝術系教授；吳子深（1893-1972），知名畫家，為蘇州美專創辦人；鄭曼青（1902-1975），書畫家，兼善中醫、武術，曾任國立臺灣藝專教授；馬壽

華（1893-1977），法學家，亦擅長畫竹，曾任臺灣省政府委員、代理財政廳廳長。無非是要給高一峰一些鼓勵與信心。果然，展出的結果，大獲好評；中山堂的展出結束後，又由中美文化經濟協會和國際獅子會中國分會聯合具名邀請，再在臺北市新生南路一段的獅子會會館繼續展出兩天。

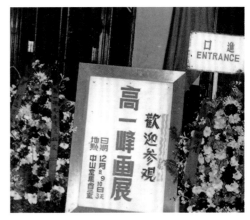

展覽結束後，高一峰的創作仍未鬆懈。作於1957年的〈蒙古牧女：山靜沙白〉（P.82），先以毛筆勾勒人物馬匹的動態，然後快筆敷色，結合水彩與水墨的畫法，交待出人物臉部、衣著、馬鞍，以及馬身的色彩，另外以草書飛白的筆法，點出馬鬃、馬尾迎風飛揚的質感與動感。馬匹前蹄離地，以及騎馬女孩飛揚的髮辮、腰帶與衣襟，讓畫面充滿了一種躍動的視覺美感。題跋取右老（于右任）詩意，曰：「山靜沙皆白，秋高草不黃；女兒騎惡馬，大地牧牛羊。」

年代應較此稍後的另一件〈蒙古牧女〉（P.83下圖），取景改由背面，加長的畫幅，女孩的身上多了件背心；值得注意的是：馬的畫法，減少了墨筆白描的成分，如其四蹄，就是以幾筆簡潔而肯定的毛筆寫畫而成，更接近於大寫意的筆法。畫面左下方並鈐有「塞北行跡」印章乙枚。

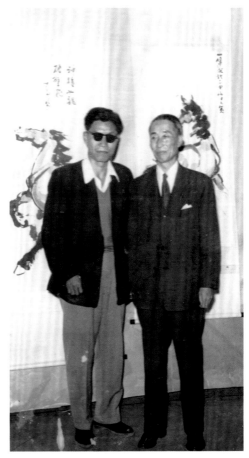

高一峰大寫意馬畫的形成時間，雖也在1956年前後，但在畫面的處理上，大寫意馬畫由於只著意於單一馬匹動作的呈顯，多以濃淡有致的筆畫，勾勒馬形動態，因此，馬的身體都以留白處理。而同樣的馬匹，在這類「塞北行跡」的系列作品中，為了和人物搭配，大都採取實體的表現，因此，或是以色彩敷設，或是以墨色填滿。1957年及稍後完成的這兩幅〈蒙古牧女〉，對塞北風物的表現，尤其是女性健美與駿馬健壯的表現，應是一

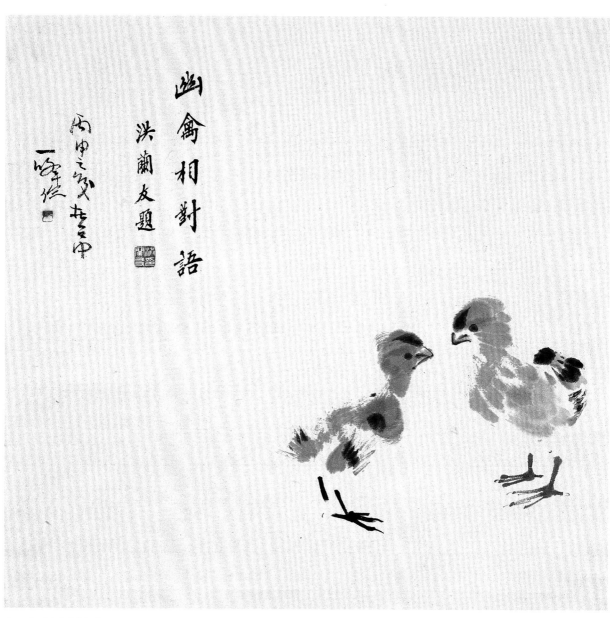

高一峰，〈幽禽相對語〉，
1956，水墨、紙，
46×46cm。

種典型。

　　不過，在整個大漠生活中，更令人嘆為觀止的，還是那澎湃震撼
的套馬場面。高一峰回憶說：「最令人感到神妙的是他們套馬，成千的
馬匹，奔馳在無邊的原野，像一片蠢動的無止波濤，捲向空闊。一個壯
漢跨著一匹駿馬，手持繫著繩索的長竿，看準了一匹好馬，輕輕地將竿
子一揚，繩索自動地圍成圈子，巧妙地套上馬頸，不由地不馴伏就範。

我非常喜愛觀賞這種套馬的大場面。一種集體的動態美、力的美、和諧美，使我振奮，使我狂呼，使我不由自主的跳躍。我曾從各種不同的方向，採用不同的角度，寫下那些變化萬千的姿態，如今回憶，一顆心便重覆昂揚躍動。」（自述）

可能是創作於1957年的〈捕馬〉（P.84上圖），策馬縱奔的捕馬人，拿

［左圖］
高一峰，〈芳草〉，1958，
水墨、紙，尺寸未詳。

［右圖］
高一峰，〈歸牧〉，1956，
水墨、紙，69×39cm。

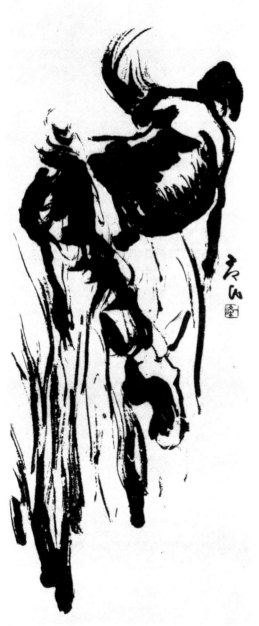

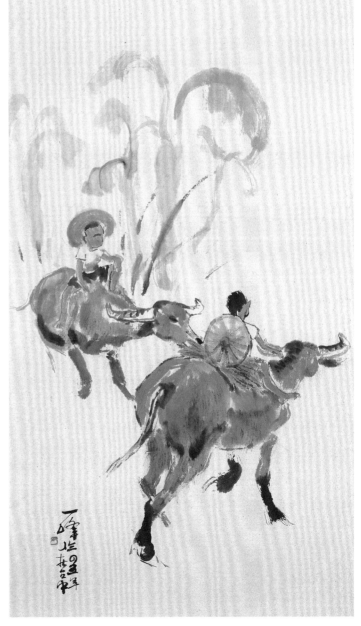

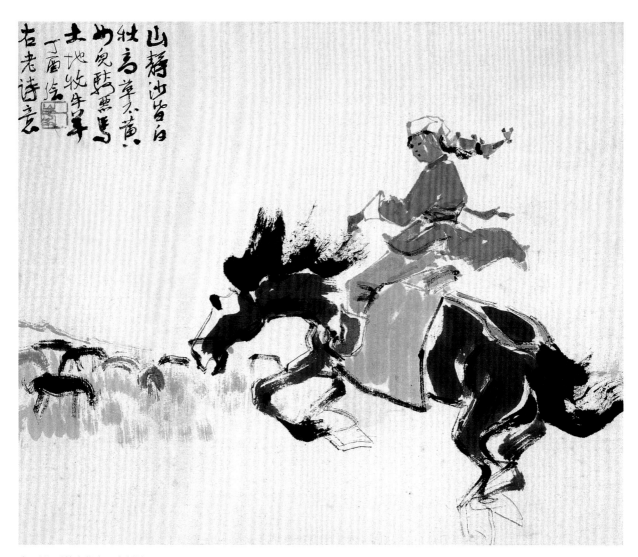

山靜沙皆白
牧高草不黃
牝兒點野馬
土地牧牛羊
丁酉除
右老詩意

高一峰，〈蒙古牧女：山靜沙
白〉，1957，水墨設色、紙，
33×39cm。

著長長的竿子，正在追捕前方那死命奔逃的兩匹野馬。畫面前方載著人追跑的這匹駿馬，我們可以看到高一峰如何巧妙的以寫代畫，將馬的腹部、臀部、腿部及尾部，以濃淡不同的幾筆，一層一層的清楚交待，有骨有肉，力道十足，又層次分明。

　　一張目前仍留存的珍貴寫生稿（P.84下圖），清楚地呈顯了高氏構思的過程，以及如何由炭精畫轉為水墨寫意的手法。

　　這張速寫的確切年代，還有待考察。不過，根據高氏的兒子回憶：當年大陸時期的作品，包括所有的速寫、素描，均未能帶來臺灣。因

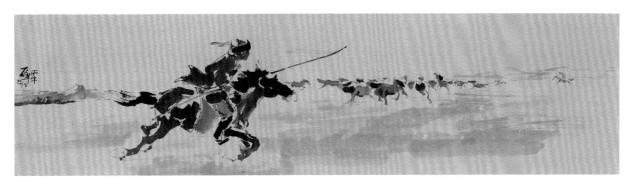

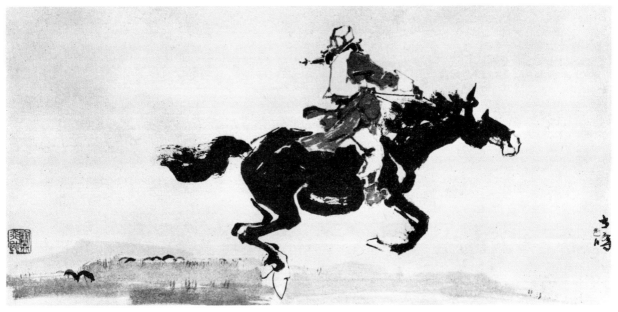

[上圖]
高一峰，〈人馬〉，1956，
水墨、紙，30.5×117.3cm，
臺北市立美術館典藏。

[下圖]
高一峰，〈蒙古牧女〉，1958，
水墨設色、紙，尺寸未詳。

此，類如〈捕馬圖〉這些速寫，應都是南下臺中後，前往后里馬場寫生，再加上想像描繪而成。在速寫中，地平線放在遠方，前方是一片傾斜的沙丘，左邊有文字註記：「有塵土飛揚，下半部淡」等字。這幅速寫，對馬匹腿部的動作，有許多考量，定稿之後，水墨作品據此為參考，但仍有一些更動，比如把追逐的馬，左後腳加長，不同於速寫中較長的右後腿，原本以平行斜線表出的馬身明暗，在水墨作品中，都以墨筆一筆表出，而形態精確。此外，原本成為沙丘的地面，也在水墨作品中，改成遠方的地平線。

1957年的另一〈捕馬圖（二）〉（P.85），以斗方的畫幅，抓住野馬驚恐躍起的一瞬間，捕馬人的座騎也突然煞住，而致全身傾斜，全幅充滿

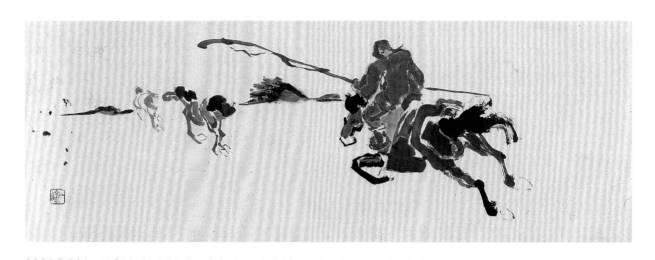

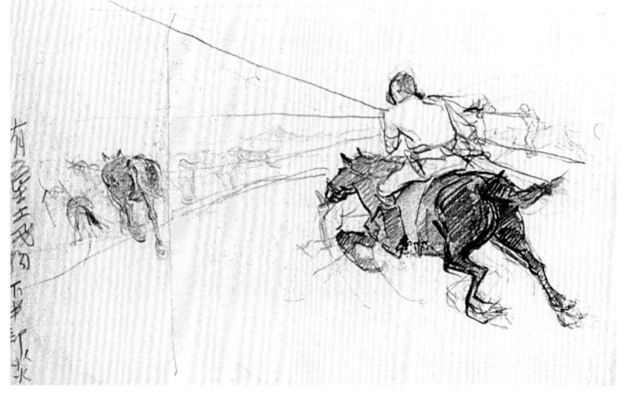

了一種激烈動勢戛然而止的瞬間動感。

捕馬的鏡頭，不只單一特寫的激動，還有萬馬奔騰的震撼。有于右任題字「獨牧精神」的〈捕馬圖（三）〉（P.86上圖），最近的一位捕馬人在畫幅之左，畫面由此開始，轉向右方發展，而在右方遠處，又有另一捕馬人，於是馬群，就因此又由右方突轉為左方，驚惶奔馳。畫面的動

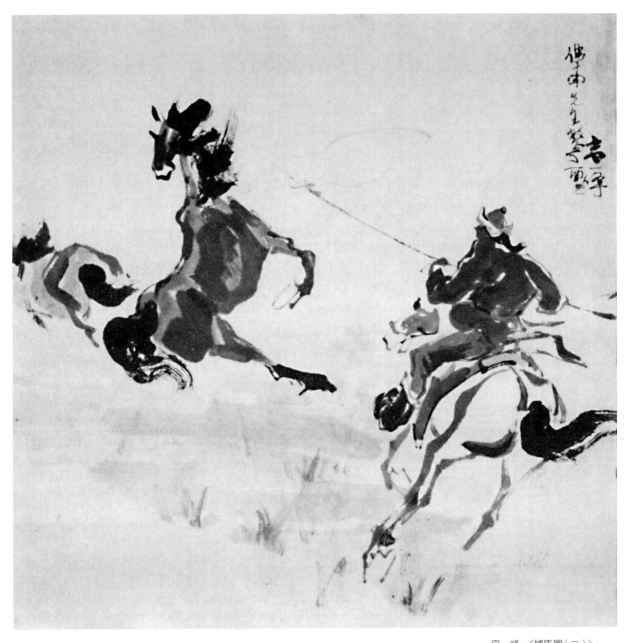

感，既來自各個個體激烈的動作，更來自畫面集體動勢的突然轉折。

　　同樣有著于右任題字，作於1958年的〈歸馬圖〉（P.86下圖），也是猶
如電影超闊大銀幕的浩大場面，已被馴服的馬群，在主人的驅趕下，準
備返回的情景。馬群的形體及動作，交相重疊反覆，在似與不似之間，
層次清楚而動感十足。似乎除了近景騎馬的牧人外，馬群左邊遠處及最

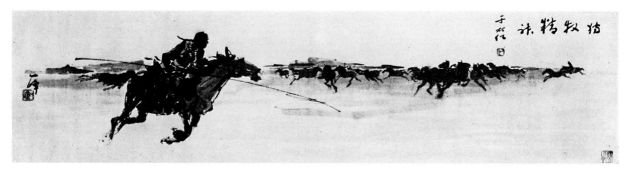

高一峰，〈捕馬圖（三）〉，約 1958，水墨、紙，尺寸未詳。

右方遠處，朦朧中似乎還有另外的兩位牧人，在操控著馬群前進的方向。

可以說，至少在1957年間，高一峰的馬畫，在極短的時間內，已經確立自己的風格與精神，他的馬畫，重神而不重形，但形神之間，筆筆相應，生氣順暢。他的馬畫，是真正的寫畫，筆筆有神，而氣韻自生。馬的形狀，或奔、或騰、或臥、或飲，神態萬千，而各異其趣。如果說，徐悲鴻的馬畫，是脫骨於西方的素描，而以水墨再現了素描的準確與實感；那麼，高一峰的馬畫，則已完全脫逸西方素描的制約，筆墨自生意趣，筆筆有靈，而幅幅生姿。大體而言，徐悲鴻的馬，即便是畫奔馬的雄姿，都只有奔馬之形，而乏奔馬之氣，徐氏的作品是靜態的素描表現；而高一峰的馬畫，則是動態的書法表現，每一筆都有每一筆的趣味與價值。

高一峰曾經自述自己的馬畫說：

　　以我自己來說，畫馬已經二十幾年，這二十幾年中，一直在練習，在苦苦地想，可是畫出來的，還不夠理想，直到現在，還一

[右頁圖]
高一峰，〈棕馬〉，1957，
水墨設色、紙，101×41cm。

[下圖]
高一峰，〈歸馬圖〉，1958，
水墨、紙，尺寸未詳。

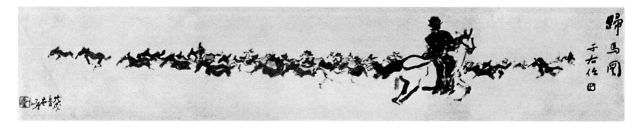

直在想求進步，而我所畫過的動物中，以馬費的心力最多，但成績也最差，唯其這樣，我對畫馬的興趣，才更為強烈、更為濃厚。

這應是高一峰自謙之詞，卻也顯示他對馬畫期待之深。一件題名為〈逃〉(P.88)的作品，上題「逃得羈絆、縱橫自然」，既是說馬，也是喻己。高一峰的馬畫，在1950年代後期的瀟灑自然之後，1960年間，一度以簡逸單純為取向，頗有反璞歸真之意趣，而在1962年後，再重歸奔放瀟灑的筆調；其間，有些群馬之作，筆墨之間，糾結變化，亂中有序，望之，只存筆墨，而忘卻馬形，也是前人未有的風格。

名畫家，也是藝評家的楚戈，曾給予高一峰的馬畫極高的評價，他說：

> 高一峰的馬，由於線條精簡靈活，草書式的動勢，常有意到筆不到的地方，言簡意賅的形體，便不致絕對的封閉，形體內部的空間，和畫幅的空間流通無礙，此時的馬，已超越了生物的範圍，似是天心的具現。「天地並生」、「物我一體」的概念，便都流溢在駿馬的筆墨中了。（〈寂寞身後事〉）

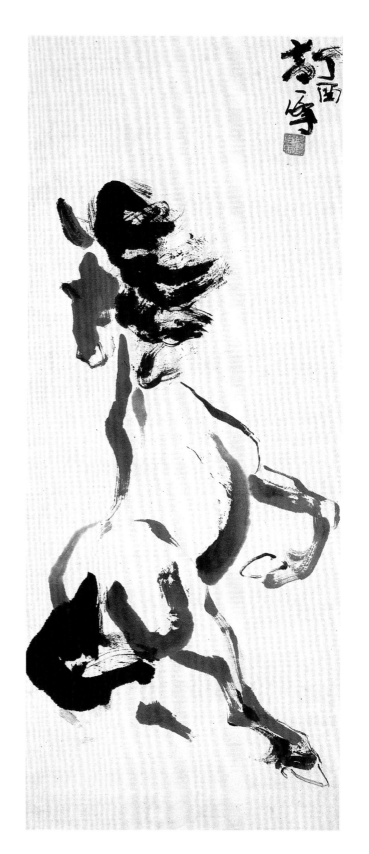

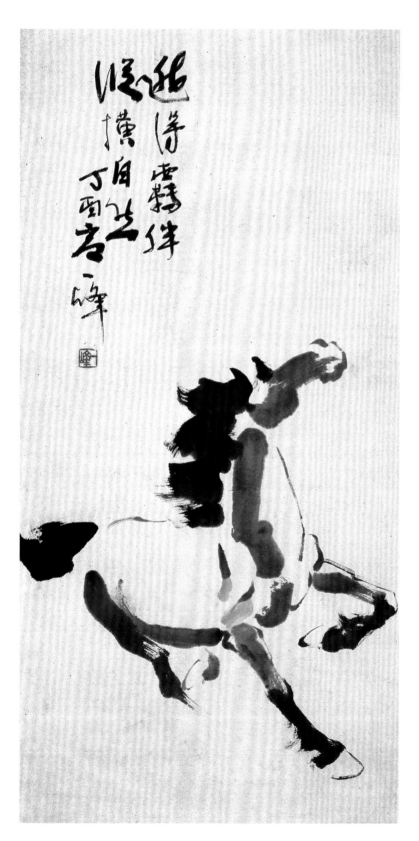

楚戈並比較了高一峰的馬畫和徐悲鴻的畫馬，說：

> 高氏的畫馬，不同於徐悲鴻的是：精純的草書式筆法，簡略的躍動之造形，虛實強烈對照的畫面，使他的寫意畫避免了傳統的靜、雅，而充溢著生氣與活力。

他分析說：

> 徐悲鴻受西畫寫實的影響，自然比較注意駿馬的實感，在體、量上他倒是確能取西人之所長，而以灑脫的水墨來統御之。而水墨技巧的運用，也自然會反映馬的肌肉和解剖上的原則，有時也禁不住要畫點老樹、柳陰、青草來襯托馬的現實性格。
>
> 高一峰的馬，因為在馬的形體中，已獲得表現上的具足，除了題材是放在塞外的概念上，才畫一些背景以外，大多數的作品，都是占有空間的純馬。

所以他總結徐、高二人的馬畫成就，說：

[左頁圖]
高一峰，〈逃〉，1957，
水墨、紙，99×49cm。

> 徐悲鴻的成就，全表現在他的「畫」上，高一峰則流露在他沒有畫
> 的地方，他深深的體會到中國繪畫中「無畫處皆成妙境」的美學
> 觀念。雖然這無畫處是依靠已畫的筆墨對照出來的，卻絕非刻意把
> 形體畫好就可達到目的，求精簡和講契機是必要的手段。這「無畫
> 處」的原則，在高一峰的駿馬和八大山人的花鳥蟲魚這類作品中，
> 有兩種含義，一是指形體外部的空間；一是指形體本身的空間。外
> 部空間「不畫、不染」這叫留白，內部空間則是在形體間不多著
> 墨，簡單濃淡的線條既為輪廓，也為肌理，更是作者審美心靈之抒
> 發凝聚自然形成。這種線條就超越了西洋畫的素描，而成為一完整
> 的富有感性的藝術。

楚戈的評論，可以說已經為高一峰的馬畫藝術，下了最好的詮釋與定
位。

1957年10月間，為了上、下課交通的便利，高一峰再度搬家到臺中市

【關鍵詞】 徐悲鴻（1895-1953）

　徐悲鴻，原名徐壽康，江蘇宜興人，是中國現代美術史的代表人
物，也是 20 世紀一位重要的美術教育家。

　徐悲鴻自幼便隨父親徐達章學習詩文書畫，1916 年進入復旦大學法
文系，1923 年進入巴黎國立美術學校學習油畫、素描，返國後曾任職
上海南國藝術學院美術系、北京大學藝術學院，國立中央大學藝術系
教授兼系主任等。1946 年後陸續擔任國立北平藝術專科學校校長，中
央美術學院院長，並曾擔任中華全國美術工作者協會主席。

　徐悲鴻的油畫具有濃厚的民族主義色彩，主張結合國畫的筆墨與西
畫的寫實技法，提倡「盡精微，致廣大」，對中國近現代美術發展有深
遠的影響。他尤其擅長描繪馬匹，其筆下的駿馬無論騰空起飛、蹄下
生煙、回首顧盼，均充滿剛勁的生命力，而享譽華人藝壇。（編按）

徐悲鴻，〈奔馬〉，1943，水墨，101×62cm。

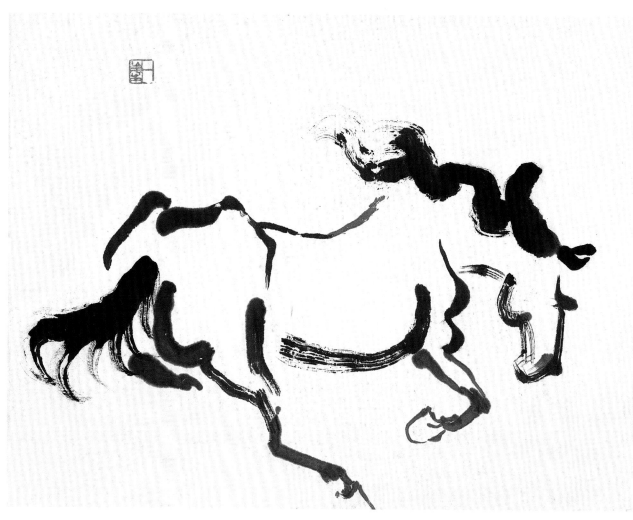

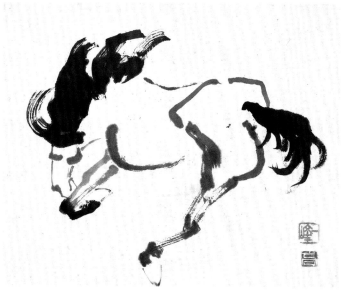

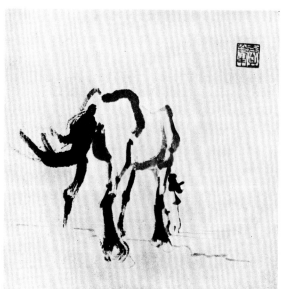

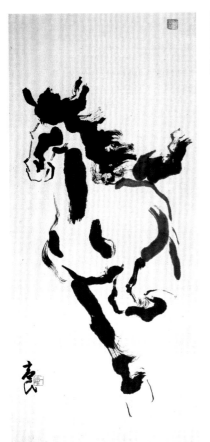

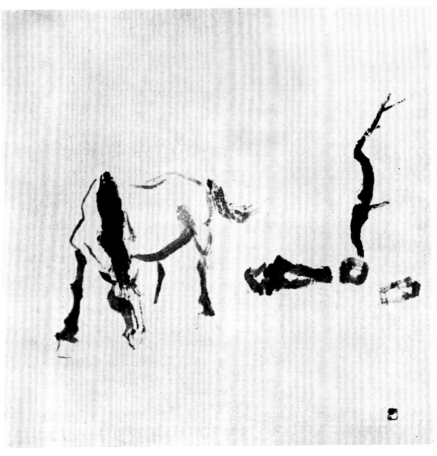

[左圖]
高一峰,〈跑（二）〉,1958,
水墨、紙,尺寸未詳。

[右圖]
高一峰,〈聞（一）〉,1960,
水墨、紙,尺寸未詳。

[左頁上圖]
高一峰,〈踞〉,1958,
水墨、紙,35×44cm。

[左頁左下圖]
高一峰,〈癢（二）〉,1960,
水墨、紙,32×38cm。

[左頁右下圖]
高一峰,〈飲（三）〉,1962,
水墨、紙,尺寸未詳。

立第一中學的正式宿舍。這是一所大雜院,住著十多家眷屬,孩子們眾
多,吵吵鬧鬧;院子裡堆滿了破舊家具,竹竿橫陳,掛滿了形形色色的
衣服。清晨醒來,可以聽到院子中木屐踢踢躂躂聲、嘩嘩的流水聲,漱
口、洗臉、笑聲、斥責……,聲聲入耳,日夜嘈雜,作畫環境欠佳。高
一峰的精神受到相當的干擾,於是開始服用一些成藥,並因此養成了藥
癮,對日後的健康造成極大的傷害。不過由日後留存下來的作品觀察,
這卻也是一個產量豐富的年代,可以瞭解高氏在困境中努力的苦心。

　　作於1957年的〈枇杷姑娘〉(P.92),以流動的線條,交待了整個籃子
的提把和扁擔,扁擔上還吊著一串枇杷,枇杷的黃,和姑娘褐色的深皮
膚形成對比。而青裙、紅皮帶,配上木屐,一副戰後初期臺灣社會中下
階層平民女孩的打扮。

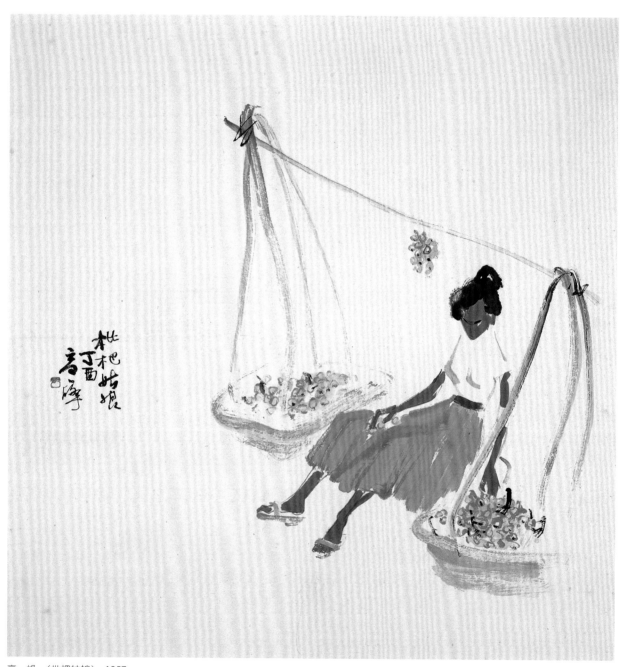

高一峰，〈枇杷姑娘〉，1957，
水墨設色、紙，52×51cm。

　　約作於同時期的〈賣冰〉，看似重點是在畫賣冰，其實是在畫前來
搭訕的少男，應該還在工作中的男孩，把載有貨品的腳踏車，停放在一
旁，一副沒事找事做的模樣，手支著下巴，脫了木屐的右腳，抬高放到
另一張竹椅上頭，嘻皮笑臉的找話說；女孩一副愛理不理的樣子，或許

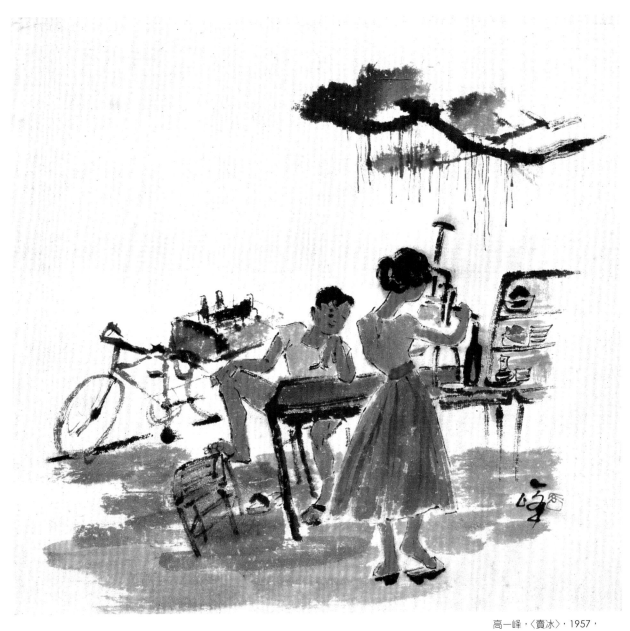

高一峰，〈賣冰〉，1957，
水墨設色、紙，尺寸未詳。

心裡高興，看看她一隻腳跟微微翹高的右腳，但表面上裝成認真刨冰的
模樣；上頭是下垂著一些鬚根的老榕樹枝。地面大量的陰影，交待了榕
樹的面積，也增加了一些陰涼的感受，少男少女的打情罵俏，在畫家的
眼中觀察細微而表現細膩。

　　這些描繪街頭俗民生活的作品，大約從1955年到1959年間，越往後
筆觸越自由，帶著一些類如表現主義般的手法。〈家常〉（P.94）一作，

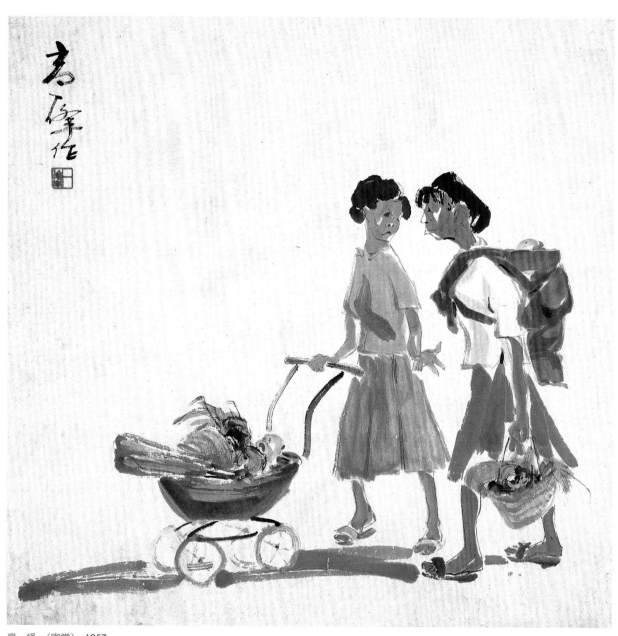

高一峰，〈家常〉，1957，
水墨設色、紙，50×51cm。

〔右頁圖〕
高一峰，〈物與〉，1959，
水墨設色、紙，103×35cm。

畫兩位上街買菜的主婦，一位推著嬰兒車、一位背著小孩，提著菜籃，
兩人一路聊個沒完，誇張的手勢，和撇嘴瞪眼的表情，顯然聊得相當
激動。有趣的是那輛嬰兒車，遮陽篷被推往前面，車上堆滿了蔬菜，有
沒有小孩呢？好像有又好像沒有！一個類似嬰兒的頭，而張嘴大哭的形
狀，又好像是兩顆塊狀的蔬果，在似與不似之間，或許是無心的偶然，

或許是刻意的安排，都增加了畫面的趣味。

　　應是作於1959年的〈物與〉一作，描寫一位牽著長毛狗的時髦女孩，綁著高高的馬尾辮，背著長長背帶的小皮包，隆胸翹臀，穿著紅色百褶裙和高跟鞋，旁若無人的走在街頭；相對於主人的高傲，那長毛狗則顯得一副邋遢的模樣。所謂〈物與〉，應是取自「民胞物與」之意，萬物有情，澤及小狗，頗具幽默之意。

　　街頭偶爾也可見到著古裝的藝人，或高帽長身，雙腳離地的〈大吉祥〉(P.96)。臺灣街頭活動的熱烈，是許多初來乍到的外地人所深感興趣和驚訝的。有高聲拜託惠賜一票的競選三輪車〈好聲〉(P.97)，有自稱「大仙」、「半仙」、「非半仙」，卻「也仙」的算命攤子〈仙窟〉(P.100)，也有穿著白袍，上書「罪人」，吹著喇叭、敲著大鼓，呼籲世人認罪歸主的〈天國之音〉(P.101)。

　　不過在這段描繪俗民生活的系列作品中，一般仍以作於1957年的〈藝人〉(P.98左圖)，和〈進香圖〉(P.98右圖)，最為精緻，而具代表性。

　　〈藝人〉以長軸的畫幅，描繪一位身背各項雜耍道具與樂器的賣藝人，左手持鑼，右手抬到頭上，頂著一隻頭戴官帽的猴子，藝人的邁步行進，似乎正從街頭走過，要從一地前往另一地去作表演賣藝。

　　猴子的身形，大抵以墨色直接畫出，人的造形則採勾勒的素描手法，衣衫飄揚、表情生動，臉上敷彩的留白，以及腋下的陰影，都增加了全

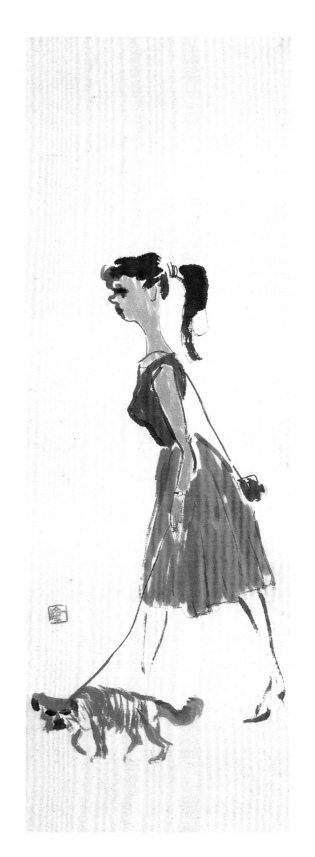

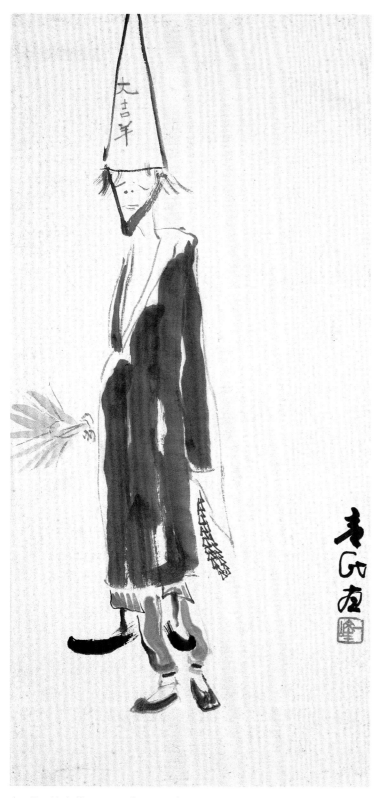

高一峰，〈大吉祥〉，1956，水墨設色、紙，69×33cm。

幅寫實的趣味與匠心。上有溥
心畬的題詩，謂：

> 當時譏笑沐猴冠，
> 今日登場當儼然；
> 嘯向巫峰三峽月，
> 又從燕市踏雲煙。

〈進香圖〉1957年作於臺
中，大量的空間留白，有人以
為應是回憶大漠西北之作，但
從人物，尤其是年輕女孩的打
扮，和遠方廟宇高翹的屋脊燕
尾，應可確認是對臺灣民俗的
描繪。畫家楚戈推崇這件作品
說：「〈進香圖〉畫臺灣一位
阿婆扶著孫子、媳婦，到廟裡
去拜拜，媳婦背著小嬰兒，把
早年臺灣同胞的面貌，忠實的
反映在作品中，也是一幀難得
的作品。」楚戈又說：「當臺
灣的國畫人物，還是千人面目
一律，無個性、無時空、無生
命，在那裡借屍還魂之時，高
一峰在民國44年（1955年），
及民國49年（1960年）在臺的
個展，展出一部分現代人物畫
時，就引起了畫壇極大的振
奮，知道中國文化並不是完

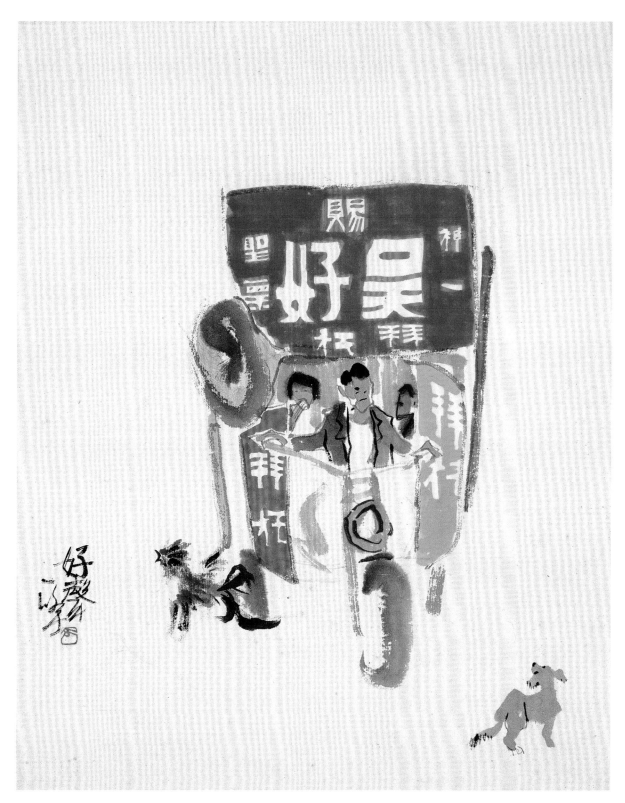

高一峰，〈好聲〉，1956，水墨設色、紙，37×29cm。

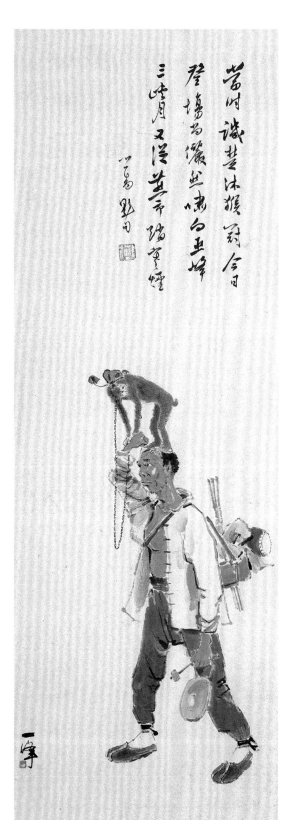

高一峰，〈藝人〉，1957，水墨設色、紙，98×35cm。

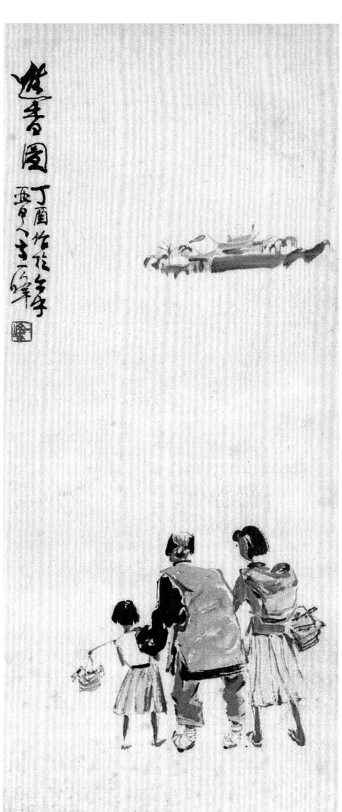

高一峰，〈進香圖〉，1957，水墨設色、紙，尺寸未詳。

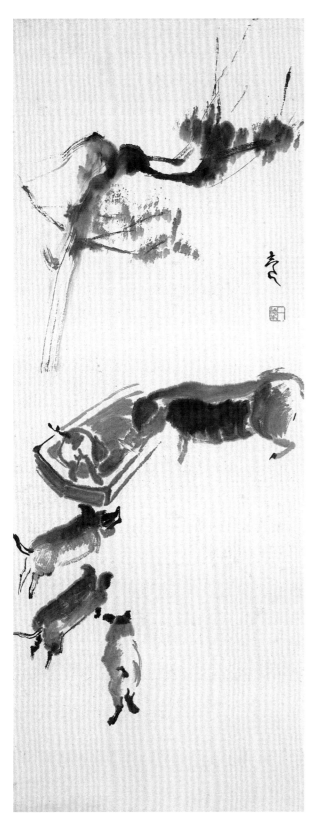

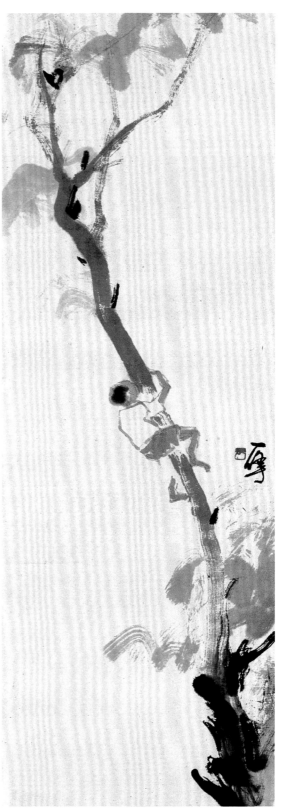

高一峰，〈生活〉，1956，水墨、紙，91×34cm。　　　　　高一峰，〈上樹〉，1956，水墨設色、紙，尺寸未詳。

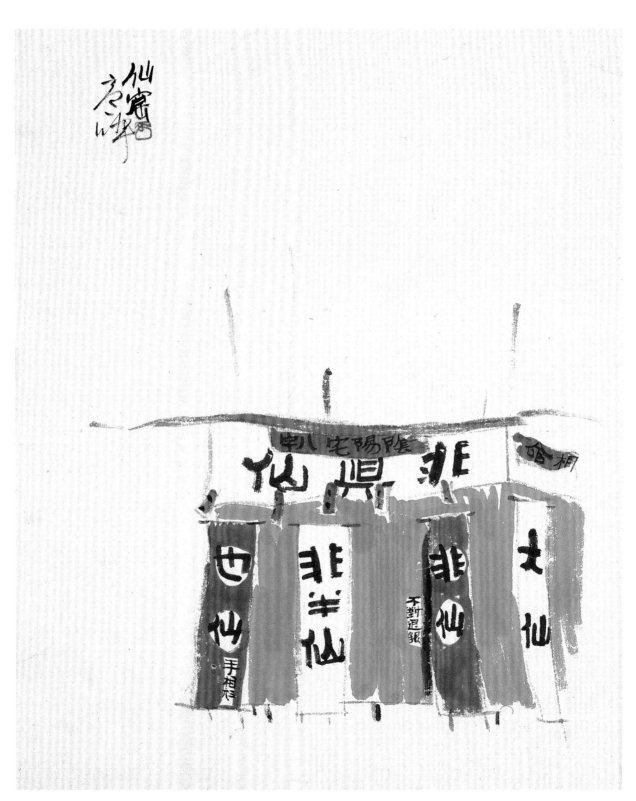

高一峰，〈仙窟〉，1956，水墨設色、紙，38×29cm。

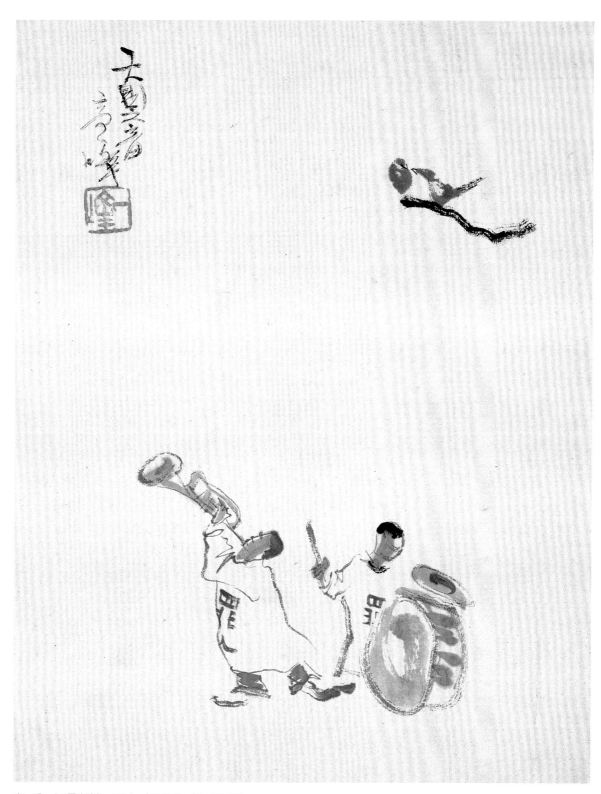

高一峰，〈天國之音〉，1956，水墨設色、紙，38×29cm。

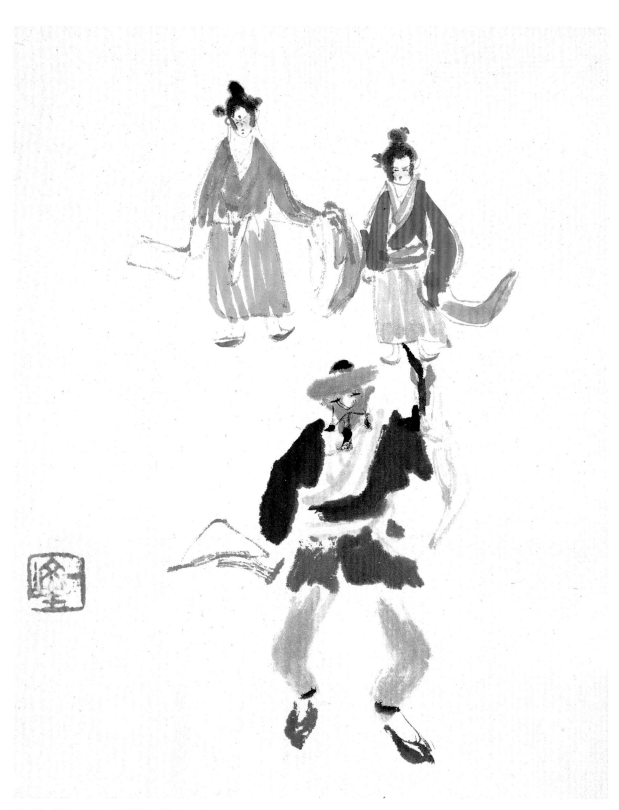

高一峰，〈藝〉，1955，水墨設色、紙，31×24cm。

全沒有救藥的，只要有心，就有希望。」

在1956、1957年高氏創作高峰期，除了街頭人物特寫的作品之外，也有一批對臺灣鄉野、農村生活的描繪。

〈生活〉（P.99左圖）一作，應成於1956年間。樹下一隻進食的母豬和四隻小豬，圓渾肥胖的身軀，剛好和上方枯枝的樹幹形成對比，頗為特殊的構圖，完全打破傳統水墨的畫法。那種一筆而上、或一筆而下的樹幹畫法，也見於〈待上〉和〈上樹〉（P.99右圖）二作之中。

〈待上〉畫的是兩位背著書包站在樹下，抬頭仰望的中學生，樹下擺著的，是一雙鞋子、一頂帽子和一個書包，顯然在看不到的樹上，有一個小孩，已經爬上樹去，這兩個小孩正在等他下來，輪到自己上去。

果然，是有一小孩高高的爬在樹上，那便是〈上樹〉一作的主題，這兩幅畫看來像是兩個連續的畫面，但也可以是上下銜接、二而為一的一個畫面。除了人物的動態，重點在樹的表現方式，乾濕並用，快筆揮寫，很有臺灣林木狂野

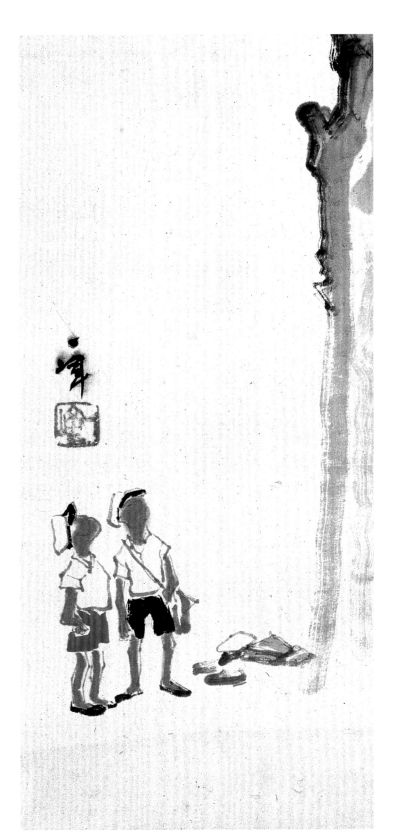

高一峰，〈待上〉，1956，水墨設色、紙，尺寸未詳。

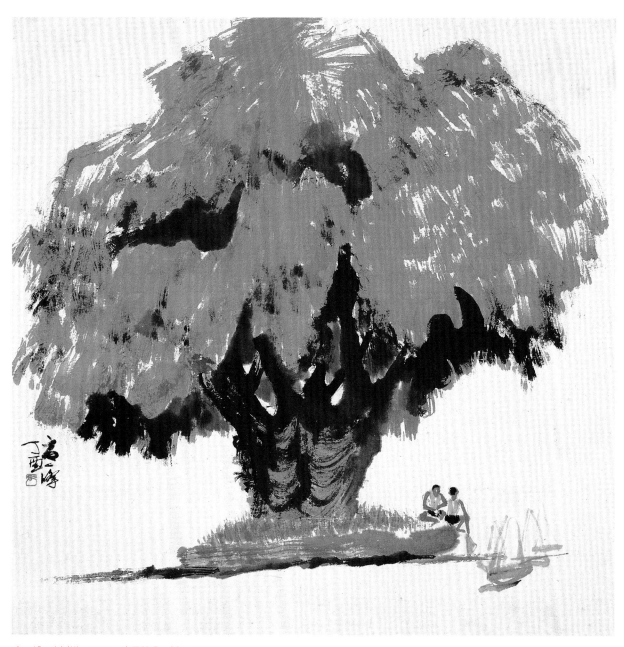

高一峰，〈大樹〉，1957，水墨設色、紙，44×45cm。

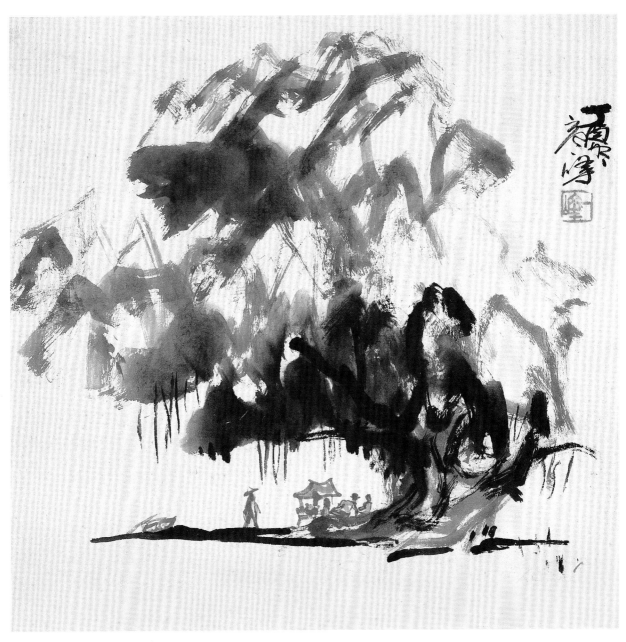

高一峰，〈施惠〉，1957，水墨、紙，45×45cm。

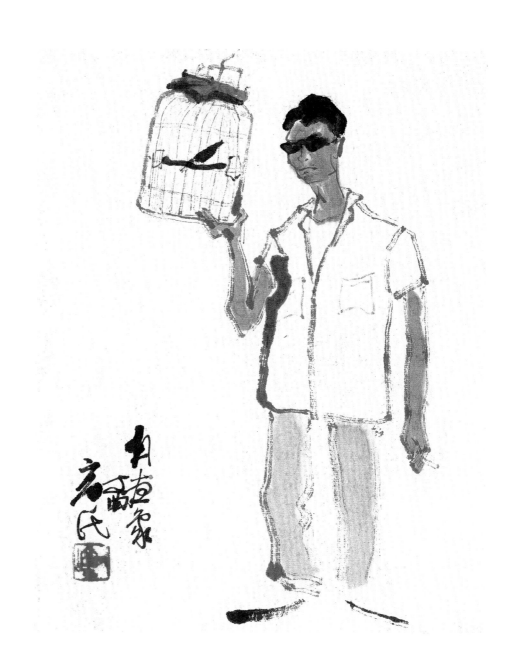

高一峰，〈自畫像（二）〉，
1957，水墨設色、紙，
36×29 cm。

的生命力。

　　相對於這種高瘦入雲的樹木，〈大樹〉（P.104）是以沉穩厚重的大榕樹為主題，兩個穿著襯衫短褲的小孩，將擔挑的籃子放在一旁，坐在樹下的水泥護欄上休息、聊天，偷得浮生半日閒。

　　至於也是作於1957年的〈施惠〉（P.105），則是以大榕樹為主題，但改變了濃密樹葉的表現手法，帶著較多水墨的狂草，表現炎夏時節，善心

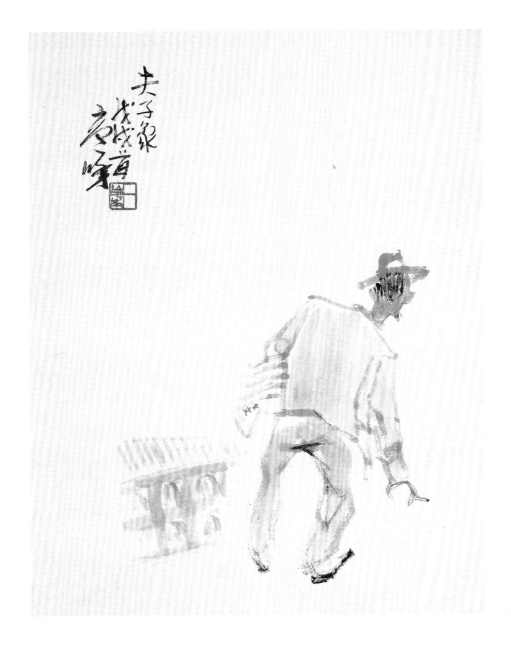

高一峰，〈夫子像〉，1958，
水墨、紙，38×29cm。

人士在樹下免費提供茶水的慈善舉動，而施惠者，豈只是善心人士！也
應包括這棵予人陰涼庇蔭的大榕樹吧！

　　作為一位藝術家，高一峰忠實於自我生命的所聞、所感、所受，
一一將生活現實入畫，再提升到藝術的高度，成就了他歷久彌新的作品
風貌。

　　畫人也畫己，高一峰除了描繪街頭民俗景像和鄉野人物外，也時

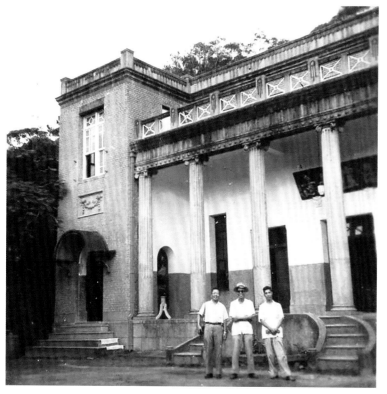

1956年，高一峰（中）與臺中市立中學的同事同遊后里毘盧禪寺時留影。

常以家人和自己入畫。畫就是高一峰的生命傳記，除了描繪女兒、夫人，高一峰對自我的描繪，總帶著一份無奈的自嘲。作於1957年的〈自畫像（二）〉(P.106)，手舉鳥籠、穿著白襯衫，眼戴黑墨鏡。隔年（1958）的〈夫子像〉(P.107)，歪斜的身軀，手捧大批學生作業，紙面上還隱隱露出「作文」二字，而遠遠淡墨所示，正是有著拱形廊柱的二樓黌宮。此幅文圖並置，漫長的文字，道盡生活的無奈；但自嘲自諷中，仍有著一絲隱隱的驕傲。文曰：

可供溫飽的工作很多，但我竟做了不得一飽的教書匠，且斷斷續續地過了十多個年頭。十多年教書生涯中，學校更換了好幾個，同事們也就更換了無數，但有一點不變者，那就是窮酸相。

世人對老師常呼之曰：冬烘、三家村、老學究、酸罐子、熬米湯、老道學等，意味間含有卑視，但有一籠統涵義，那就是窮而且酸，窮者是不飽也不飢，酸者是其他不屑求。

能如此窮酸者，實賴一具頂天立地、繼往開來的硬骨頭，具此方可屹立數千年不倒、不朽、不變，可歌、可頌，于是畫夫子像。

不過，病體的長期折磨，精神的狀況日漸不濟，〈獨醉〉一作即使不一定是畫自己，也有同病相憐、惺惺相惜的悲涼。

1958年，是高一峰前往臺中定居的第五年，他和臺中藝術界的交往

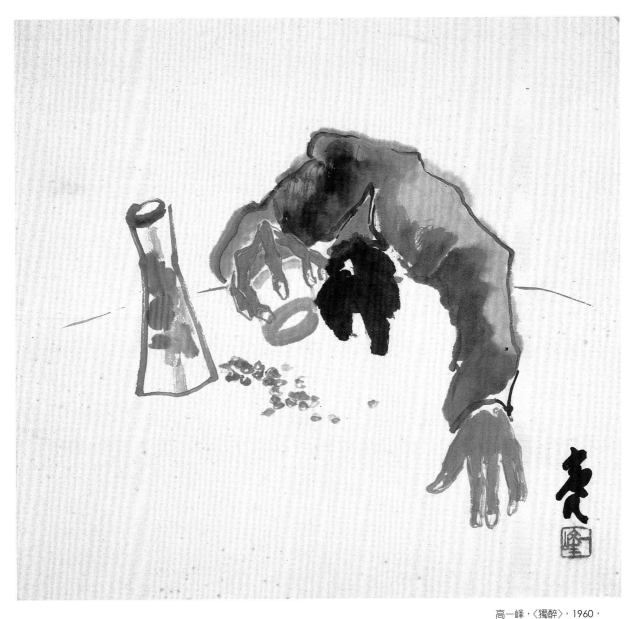

高一峰，〈獨醉〉，1960，
水墨設色、紙，44×46cm。

也日漸熟悉。於是在一些畫友的邀集下，組成「八清雅集」的團體，成
員除高一峰以外，又有呂佛庭、曹緯初、唐曉風、朱雲、徐人眾、李長
林，以及和高一峰往來最為密切的王爾昌等人，基本上，均是大陸來臺
的水墨書畫家。

在看似平順的生活中，其實隱藏著巨大的不安，除了高一峰本人的
情緒，常有強烈高低起伏的變化，夫人的類風濕關節炎也有越來越嚴重

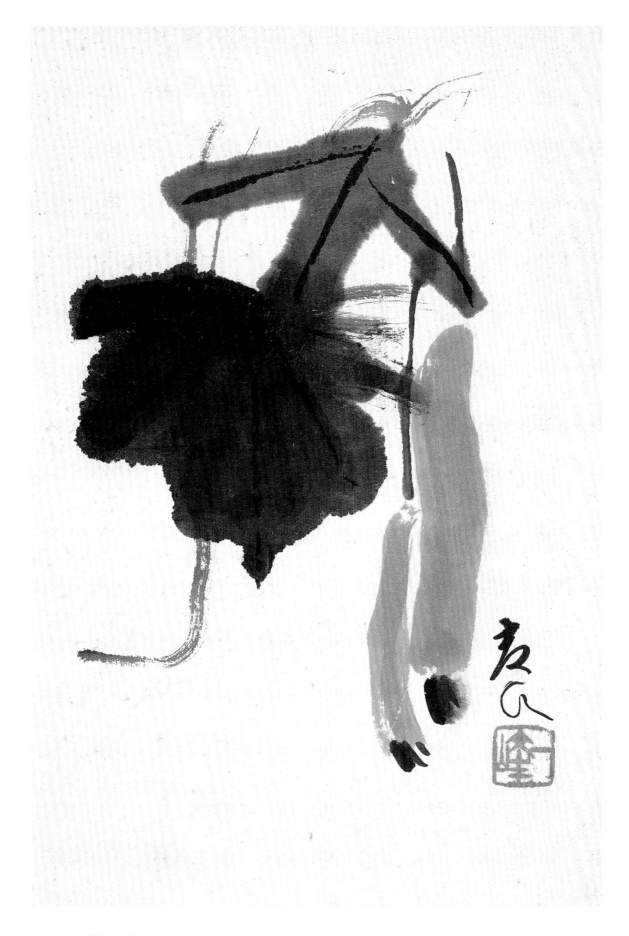

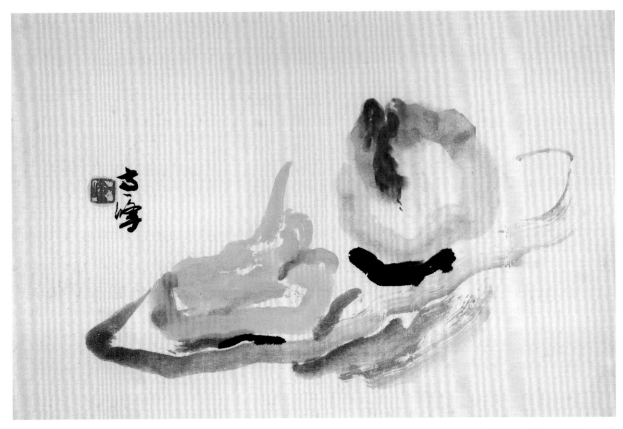

高一峰，〈桃〉，1956，
水墨設色、紙，尺寸未詳。

的趨勢，很多時候，出門已無法自己走路，要由高一峰以輪椅推行，多
次前往臺北治療，也試過各種療法，但始終無法改善。

　　可能也是完成於1958年前後的〈歸鄉〉（P.112-113上圖），人物、馬匹、
驢車，都成為極小的比例，拉曳曲折的墨線，形成樹叢、形成土丘，也
形成遠方的山巒。尤其這遠方的山巒，乾筆先在起頭處來回的曲折，
形成如樹叢草木的感覺，之後，一筆細線拉長，成為另一個山巒的實體
空間。傅狷夫曾經讚美高氏的作品說：「畫貴意在筆先，一峰對此極得
竅要，他的筆墨剛勁卻沒有霸氣，柔和卻沒有媚態，沉著痛快，兼而有
之，可知其走筆落墨雖像應手而成，要是沒有意在筆先的修養工夫，是
辦不到的。而他作品中的虛實聚散，別有巧思，好像做詩的有一唱三嘆
之妙。」誠為知畫之言。

　　應是作於同年（1958）的〈寂寞之旅〉（P.112-113中圖），畫面更簡，略

[左頁圖]
高一峰，〈瓜〉，1958，
水墨設色、紙，33×23cm。

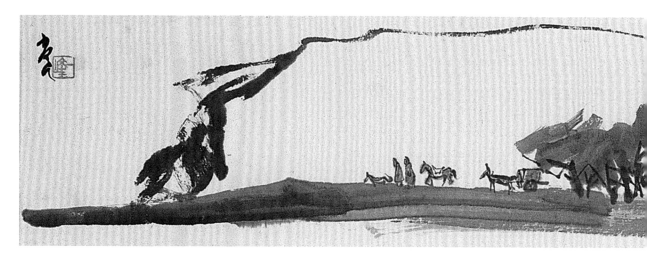

高一峰，〈歸鄉〉，1958，水墨、紙，24×137cm。

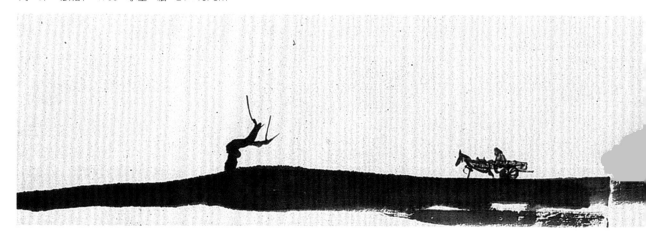

高一峰，〈寂寞之旅〉，1958，水墨、紙，23×137 cm。

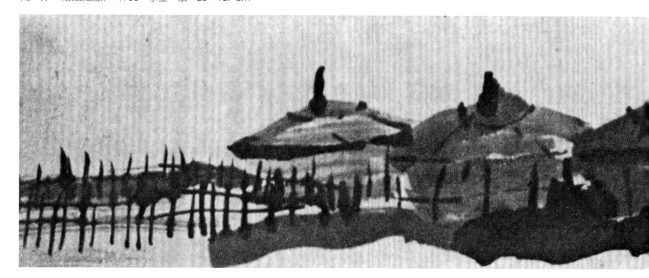

高一峰，〈蒙古包〉，1959，水墨、紙，尺寸未詳。

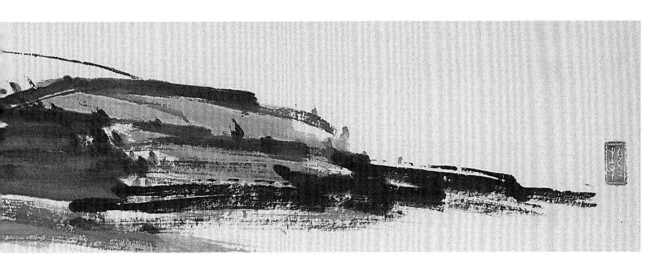

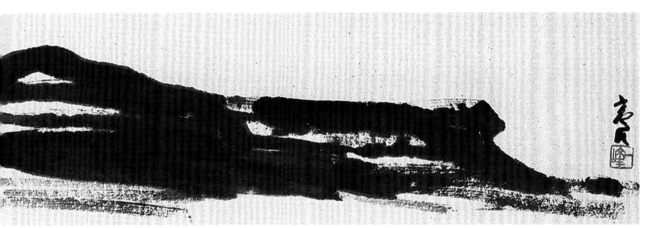

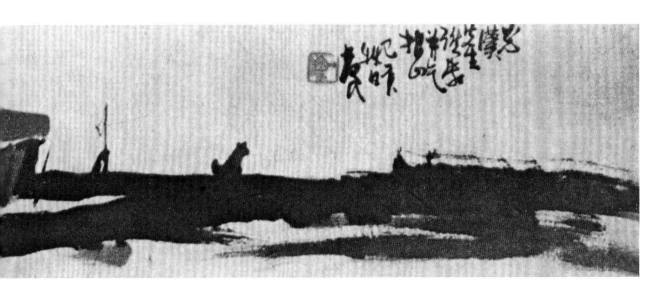

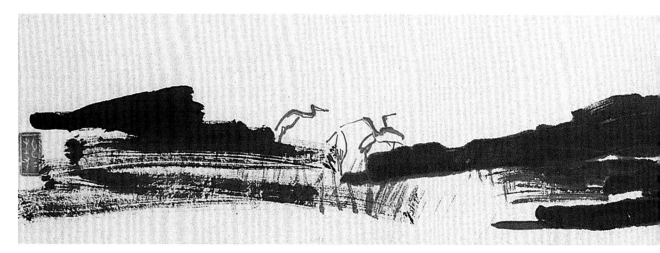

高一峰，〈沙渚好〉，1958，水墨、紙，24×137cm。

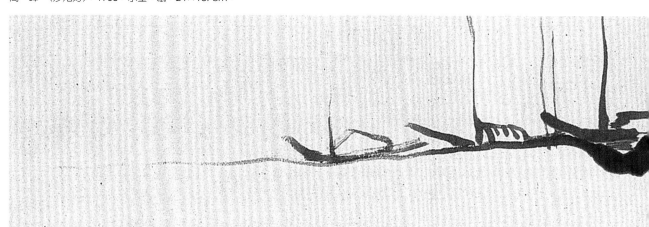

高一峰，〈泊〉，1958-1959，水墨、紙，23×135cm。

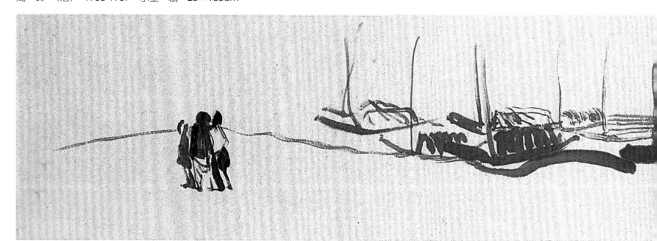

高一峰，〈望歸〉，1958-1959，水墨、紙，23×135cm。

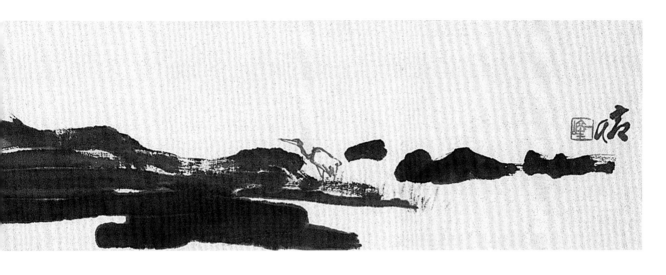

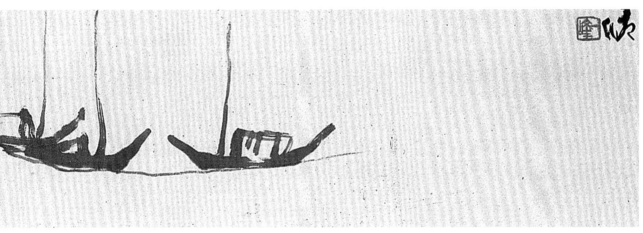

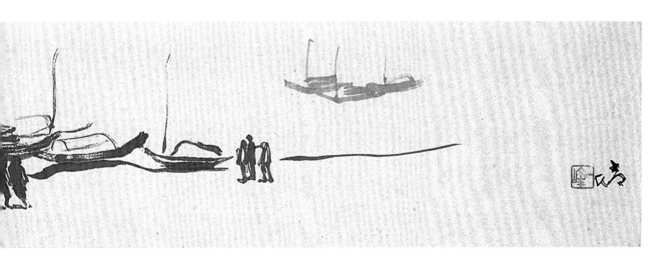

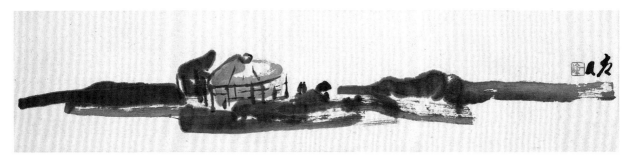

高一峰，〈黎明：蒙古包〉，
1959，水墨、紙，
24×102cm。

去遠山，只剩枯枝、馬車與孤山，宇宙蒼茫，遺世獨行。

孤寂與蒼茫同存，1959年的〈蒙古包〉（P.112-113下圖），題字註明送給「光漢先生雅屬並乞指正」，在暗夜靜中，獨有一隻面向荒原的狗，靜靜蹲立，抬頭守候著無盡的黑暗與遙遠的黎明。

蒙古包的生活記憶，是高一峰西北經驗特殊的一環，他說：

> 黎明，沙漠上的蒙古包，是那麼靜靜地覆蓋著，牛馬成群地偎依著。我獨自披衣，散步於廣漠的原野，看一輪旭日東升，沙漠上泛起金黃色的反光，驚起了牛羊駝馬，由遠至近的低喚，猶如晨鐘響動，……。
>
> 冬季在帳幕中，我們圍著熱騰騰的茶爐，牧人們熱情地為我斟上濃濃的奶茶，大家閒聊天，拉著馬頭琴，低低地唱著牧歌，雖在零下三、四十度，包外是一股嚴寒難耐，包內卻是如此寧馨而溫暖。……」（自述）

數十年後的高一峰，在遙遠的島上，沒有描繪包內的熱鬧和溫馨，卻描繪了包外的寧靜與孤寂。嚴寒暗夜中，那孤寂獨坐遙望遠處的狗兒，似乎就成為高氏的化身，眾人皆睡我獨醒。

完成於同年的另一件〈黎明：蒙古包〉，畫面更為簡單，粗大的墨筆點染拖曳間，蒙古包一前一後，大漠孤寂，只等待黎明的來臨。

1958年，是高一峰創作高峰的末期，其創作的高峰，大抵起自1955年，也是首次個展的前一年，到1958年。這個時期，高一峰一家遷居臺中市立第一中學本部宿舍，因為大雜院的環境頗為吵雜，創作條件欠

[右頁圖]
高一峰，〈飄零〉，1958，
水墨、紙，尺寸未詳。

佳，高氏往往利用深夜畫畫，並因此服用藥劑成
癮。逐漸成熟的畫風，也開始走向一種求變思變
的苦悶時期。

　　1958年的〈飄零〉，極能反映他這個時期的
心靈。長條幅的畫面，以似與不似的鈍筆數抹，
呈顯沙洲一堵、矮樹數株的意象，而下方，則是
一艘無人的小舟，飄零暫泊於水面之中。畫面由
沙洲、小舟，分隔成三個等分，都是一片空白，
給人一種荒涼無依的離世之感。

　　〈飄零〉一作，描繪的顯然已經不再是塞北
大漠的風光，在回憶的深海中，大漠的記憶似乎
已經漸行漸遠，取代的是南方水鄉沙洲的雲煙。

　　應該都是這個時期的作品，〈沙渚好〉（P.114-
115上圖）、〈泊〉（P.114-115中圖）、〈望歸〉（P.114-115下圖）
等，也都採取超長橫幅的畫面，白鷺鷥覓食的
沙渚，高桅漁舟的靜泊，以及岸邊親人的望歸，
在臺灣生活已近十年的高一峰，不再在畫面上
題名「晉人」，水鄉的風光，似乎推遠了大漠
的回憶。塞北行跡的系列創作，也在1959年之
後，算是作一結束。之後再出現的駱駝之作，
大多為應酬或教學之作，只有1960年的〈捕馬
圖（四）〉（P.125下圖），算是少數例外的作品。

　　1958年9月間，高一峰決定要改善住家的環
境，開始託人介紹，尤其看上一幢位於郊區的獨
立屋，兩旁是波平如海的稻田，景色怡人。不
過，多次接洽，始終未能買成。1959年8月，臺
灣遭遇歷年少見的豪雨，是謂「八七水災」，原
先想買的房子完全淹在水中，高一峰夫婦慶幸當

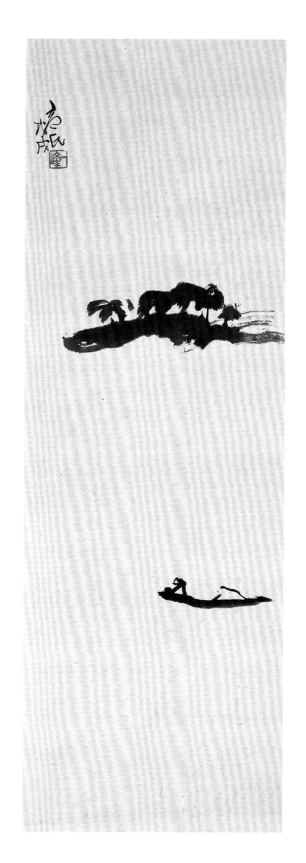

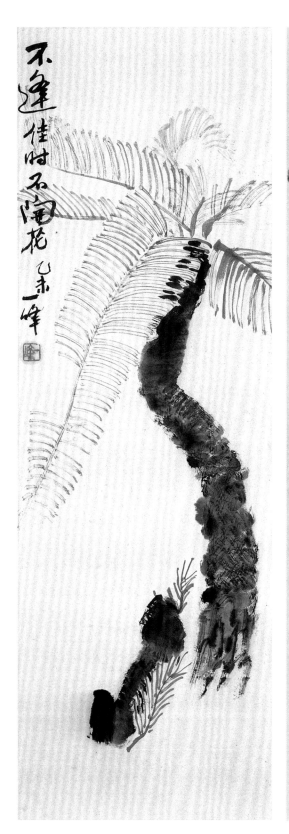

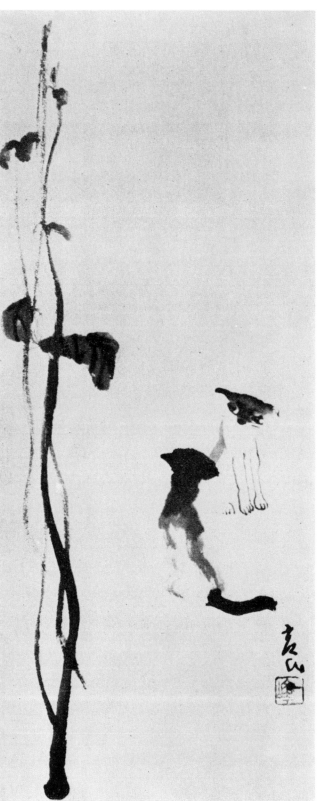

時沒有買成。兩個月後，高氏一家搬入由臺中北屯區合作社所興建的新房。

　　這是一幢靠近田野的怡人房舍，「……早晨，薄霧迷濛，大地如披了一襲輕紗，風姿綽約。漸漸地薄霧褪去，陽光照耀，遠樹、村莊、田野都成了金黃一片。此時，灰白的天幕轉為蔚藍色，青山也出現了，田中一畦畦的翠綠中間隔著一道道蜿蜒土徑，徑旁野花絢爛，紅的、紫

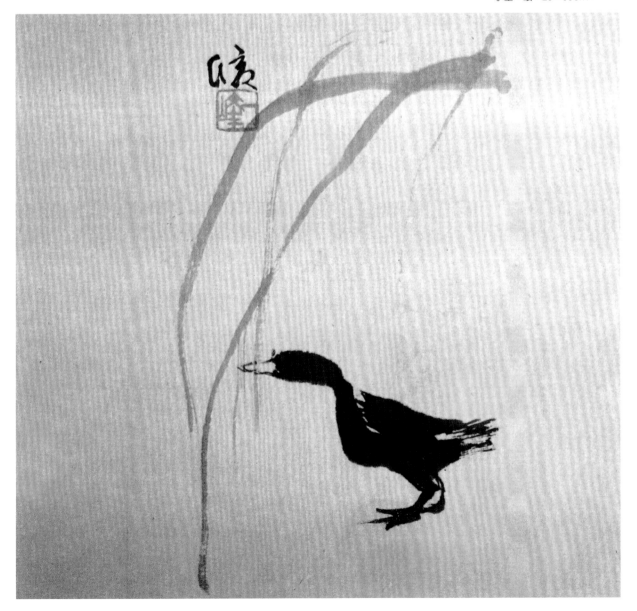

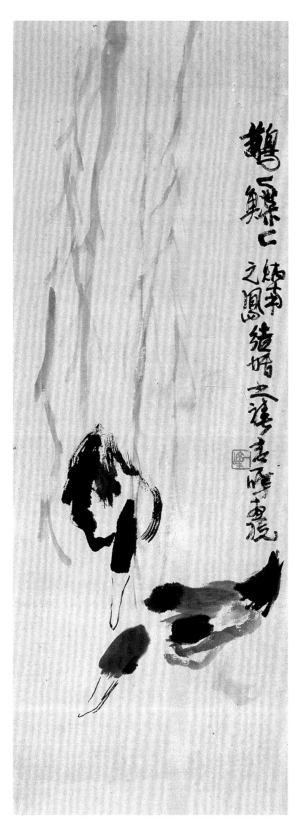

高一峰，〈鵝鵝鰈鰈〉，1959，水墨設色、紙，尺寸未詳。

的，含露盛開，淳樸芳香。」（1959.12.15）

高夫人找人在屋外，圍起了竹籬。臺北家裡又託人帶來了一隻剛生下的小貓，雪白和淡黃的茸毛相間，瞪著灼灼發亮的大眼，給病痛孤寂中的夫人帶來了許多樂趣。

然而，高一峰的精神狀況，卻有每況愈下的現象。許多時候，呆坐整日，不知想些什麼。儘管不斷地勉強自己，提筆作畫，但難得一幅滿意的作品，令高夫人看在眼裡，不知如何是好。驟雨長夜中，更增添孤單無依、恐懼不安的感覺。

從1957年的畫展結束後，高一峰仍是勤奮作畫不斷，準備在1959年再開一次個展；儘管許多時候，感覺作品不能滿意而銷毀，但到1959年年中，也已累積新作百餘幅。於是趁9月間北上參加夫人大弟炳南的婚禮，悉數帶往臺北。岳父和一些朋友們看了之後，卻嫌棄太過單調沉悶。他們希望高一峰能盡量畫一些一般人可以瞭解和欣賞的作品；尤其是在「八七水災」之後，大家都在提倡節約，如果這個時候開畫展賣畫，似乎也不大相宜。對於這些善意的建議，高一峰顯然很不愉快，他寧可畫展延期，也不肯迎俗媚世去畫那些花花綠綠的畫。

夫人夾在中間，也頗為為難，她說：

> 起初，為了畫展能夠早日開成，我不斷地勸峰，就按著父親的意思畫幾幅，又損害不了自己什麼，何必這樣固執？
>
> 近來，讀過了幾本美學方面的書籍，

我了解到峰是對的。一個藝術工作者，必須忠於自己，不能任令纖毫之塵破壞了整個生命的和諧與完美。歷史上董狐寧願斷頭而不肯掩蓋史實，陶淵明不肯為五斗米折腰。外國的梵高（按：梵谷），為了作畫而犧牲一切，唯其如此，畫格才能夠高超完美。峰不肯為了好賣而作畫，正是對於人生和藝術應該堅持的嚴肅態度。

有了這樣的認識和看法，我已

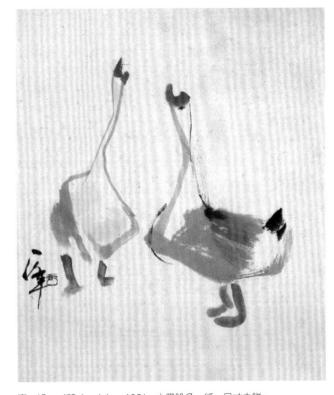

高一峰，〈鵝（一）〉，1956，水墨設色、紙，尺寸未詳。

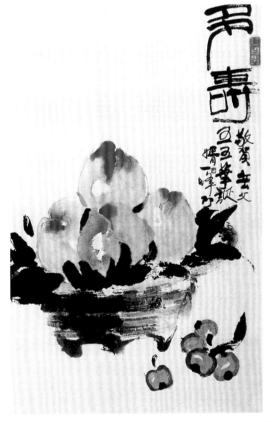

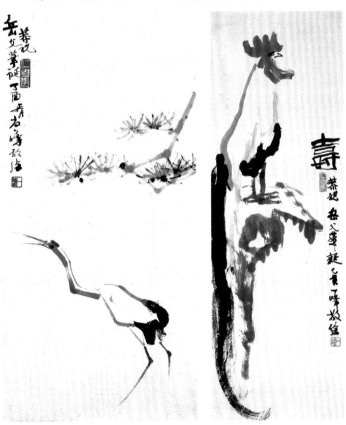

[左圖] 高一峰，〈壽桃〉，1956，水墨設色、紙，尺寸未詳。高一峰丙申年為岳父祝壽之作。
[中圖] 高一峰，〈松鶴〉，1957，水墨設色、紙，尺寸未詳。高一峰丁酉年為岳父祝壽之作。
[右圖] 高一峰，〈壽雞〉，1959，水墨設色、紙，尺寸未詳。高一峰己亥年為岳父祝壽之作。

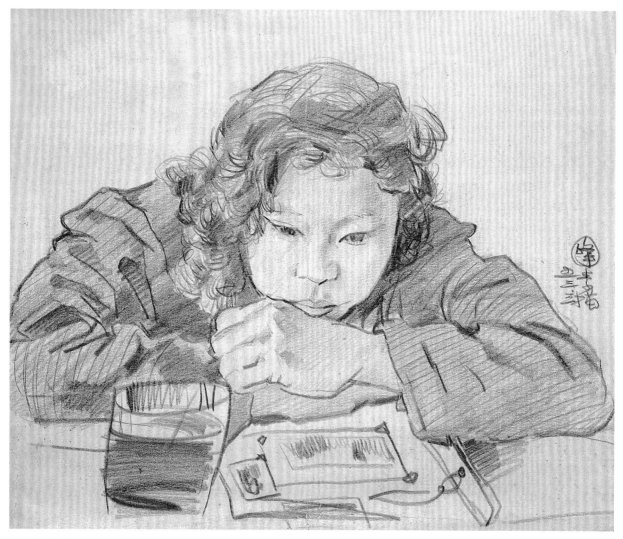

高一峰，〈人物〉，1964，
速寫、紙，尺寸未詳。

不再催峰作畫；現實生活較之藝術生命的光輝，是微不足道
的。（1960.1.6）

在追求藝術的漫長路程中，夫人始終是高一峰最大的支持者，也
是崇拜者，在知識見解上，夫人也許無法給予一峰什麼指導，大多數時
候，還是從高一峰身上獲得指導與啟發，但在生活實踐上，她是最重
要，甚至是唯一的支持者、欣賞者，也是創作生命的見證者與詮釋者。

1960年代，臺灣的藝術生態，隨著傳播媒體的興起，訊息大為開

［右頁圖］
高一峰，〈人物〉，年代未詳，
速寫、紙，尺寸未詳。

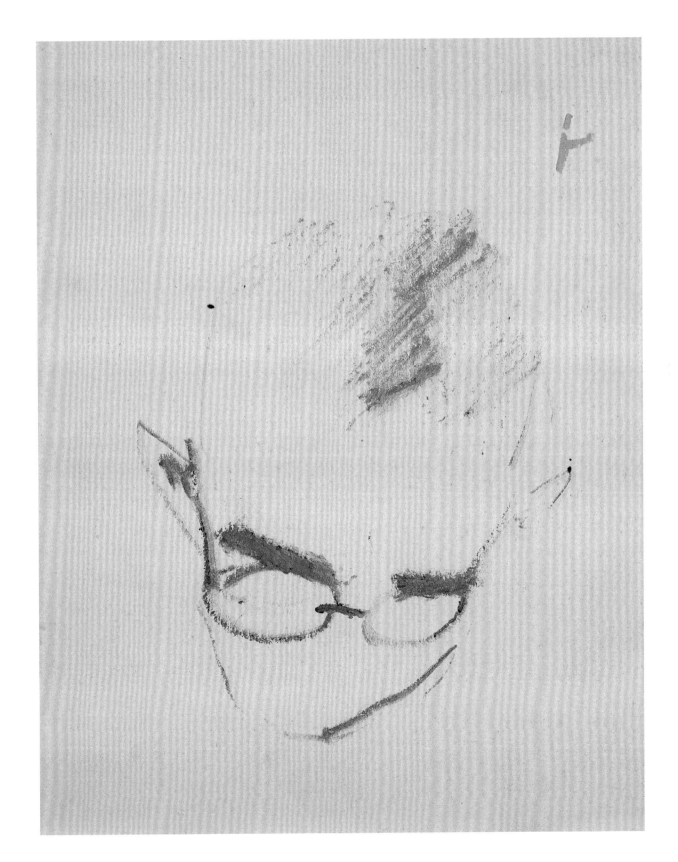

高一峰，〈壽馬（二）〉，
年代未詳，水墨、紙，
尺寸未詳。

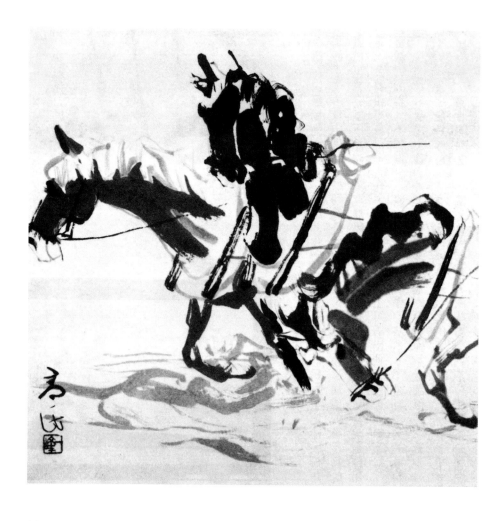

高一峰，〈奔（三）〉，1959，
水墨、紙，尺寸未詳。

高一峰，〈捕馬圖（四）〉，
1960，水墨設色、紙，
22×130cm。

放，西方的現代藝術思潮強烈地衝擊著臺灣，高一峰對自己藝術的走
向，也有充分的自覺與方向。夫人以日記記錄著這段艱辛的過程：

一峰在45年（1956年）開了畫展之後，聲譽頓起；為了更進一
步，他致力於變形，要求脫離形象的束縛。

「變形」原是思想和技巧達到一個更高的境界而自然形成的蛻
變，顯然地，峰沒有經過這個階段的努力，便想強變，結果，所

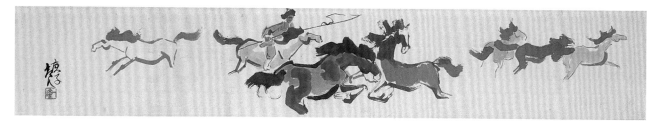

畫的馬無非是有意地少畫了前身，
或者略掉了馬尾，既無形體完整的
美，更談不到意境了。

以後，由於畫路的困惑，始終在苦
悶、徬徨；荷亭、孤菊，便是這個
時期所作，筆簡意賅，意境孤淒，
其內心之寂寞，顯露無遺。

近來，他的畫風又有所不同，為了
探索一種新的表現方法，一張畫
稿，往往要重複地畫十數次，尚難
有滿意的結果。

今早，他新畫了一幅馬，我看了
後，不覺說「慷慨激昂，神氣十
足」，他很高興，半年來，他所苦
苦要求表現的，就是要經由馬的形
體而表現出一種內在的精神意象。

這是一個艱困的路程，需要更堅毅
的努力！（1960.1.8）

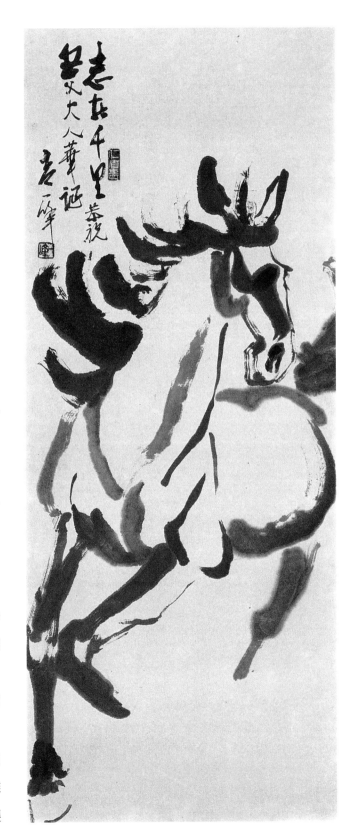

一件作於1960年的〈捕馬圖（四）〉
，馬群的數量較少，但場景和筆法都較為
特殊，值得細細玩味。畫面的焦點，擺在
長幅的正中間，捕馬人騎著較淡的白馬，
手持長竿圈繩，兩匹驚惶失據的野馬，匆
忙間似乎撞成一團，另有三匹向右逃走，
一匹則單獨向左逃離。由於幾個不同方向
的安排，讓這幅作品，傳達了一個較複雜
而連續的畫面聯想，也就是：在被追趕

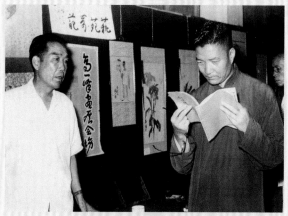

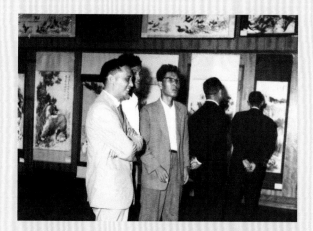

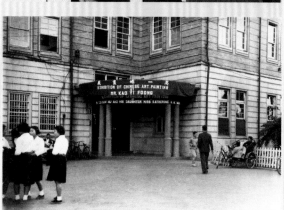

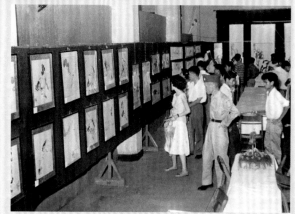

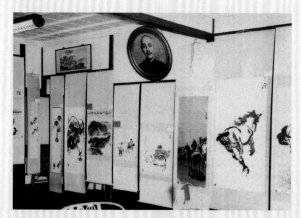

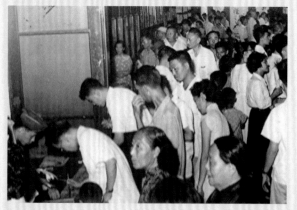

[左上圖]
1960 年，高一峰在臺北市中山堂舉辦畫展時現場一景。

[左中圖]
1960 年，臺北市中山堂高一峰畫展展場入口一景。

[左下圖]
1960 年，高一峰在臺北市中山堂舉辦畫展。

[右上圖]
1960 年，臺北市中山堂參觀高一峰畫展的觀眾於現場賞析畫作時留影。

[右中圖]
1960 年，臺北市中山堂的高一峰畫展現場一景。

[右下圖]
1960 年，參觀臺北市中山堂高一峰畫展的踴躍人潮。

中，兩群馬先分別由左右奔來，在中間位置相遇、相撞，而再回頭向著左右奔離的一系列動作。此外，這件作品，對人物或馬匹的描繪，也以較簡潔而帶著折線趣味的筆法表現，點到為止，另具一番趣味，這是後期較為少見的一幅捕馬作品。

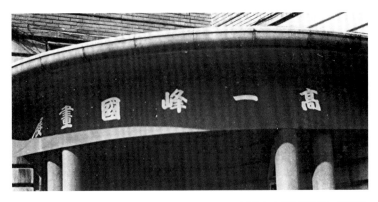

臺北中山堂舉辦之高一峰畫展入口一景。

　　1960年6月，高一峰如期在臺北中山堂舉行他的第三次個展。由於岳父的關係，參與開幕的貴賓，仍是冠蓋雲集。出席畫展的人士，都為臺灣藝文界的重要人士，除馬壽華、鄭月波已於文前（P.78-79）有所介紹，另如：虞君質（1912-1975），學者、評論家，曾任臺大、師大美學教授；張隆延（1909-2009），書法家、評論家，曾任國立臺灣藝專校長；高逸鴻（1908-1982），知名書畫家，為七友畫會、六儷畫會成員；包遵彭（1916-1975），國立歷史文物美術館創館館長，後任中央圖書館館長兼歷史博物館館長；梁中銘（1906-1994），知名畫家，曾任《中央日報》主筆，以及政工幹校藝術系教授；劉獅（1910-1997），亦為政工幹校藝術系教授；傅狷夫（1910-2007），名書畫家，後任教國立臺灣藝專；王王孫（1908-2005），書法家、篆刻家；季康（1911-2007），書畫家，以仕女人物知名；劉延濤（1908-1998），書畫家、監察委員；吳延環（1910-1998），知名作家、立法委員。

　　當時的《中央日報》摘錄了預展中參觀者給予的評介：

　　馬壽華說：「看高君的畫，有一種雄偉超邁和別具風格的感覺。」

　　虞君質說：「高君的畫，已到了『筆簡形具』的地步，看了好像吟讀一首小詩，彌覺雋永。」

　　高逸鴻說：「高君的畫是筆間有我，超乎象外的。」

　　梁中銘說：「高君的畫，其『真』一如其人。」

　　劉獅說：「畫有『應世』和『傳世』兩種，高君的畫是屬於『傳

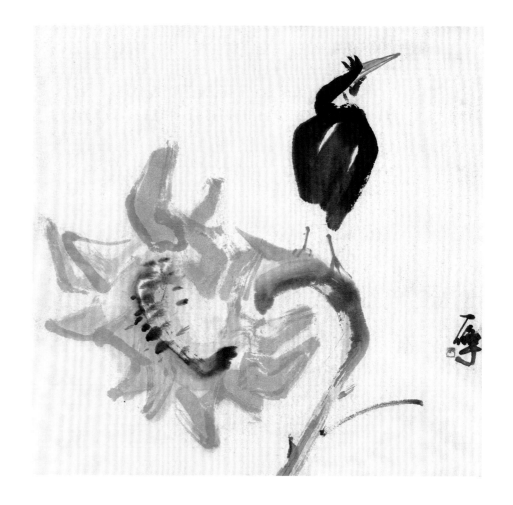

高一峰,〈向日葵(二)〉,
1957,水墨設色、紙,
39×40cm。

世』的。」

傅狷夫說:「高君之畫一出,八大山人不能專美於前。」

這些說法,或許多少帶著應酬褒獎的性質,但大抵均指出了高一峰
作品的某些特質:是雄偉超邁的、是風格別具的、是筆簡形具的、是筆
間有我的、是超乎象外的。

相對而言,1960年代支持現代繪畫尤其抽象繪畫最力的書法家,也
是藝評家,當時擔任教育部國際文教處處長的張隆延(P.133關鍵詞),以名
號「糲翁」,對高一峰的作品,則有更深入的分析。他甚至將高一峰
和梵谷相提並論,他說:「高一峰之喜作向日葵,似乎與梵谷同好,要
藉那寶月輪的形狀,和太陽光軸射的金黃熱力,歌頌生命力的圓滿和充
沛!而墨筆長軸山水,遠渚一抹,小舟一畫,如此而已,卻有無限煙
波,生人眼底!」又說:「一峰落筆,似乎有意無意之間,然而景色天
然,便成圖畫。簡之又減,更少一分不得。豈非中國『抽象』畫的絕好
例子?」

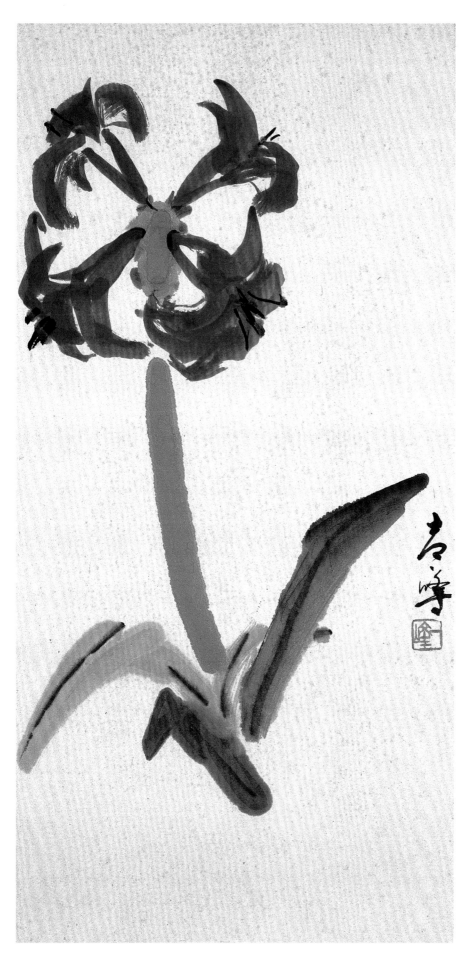

高一峰，〈喇叭花〉，
1956，水墨設色、紙，
68×33cm。

高一峰，〈墨荷〉，1956，水墨設色、紙，尺寸未詳。

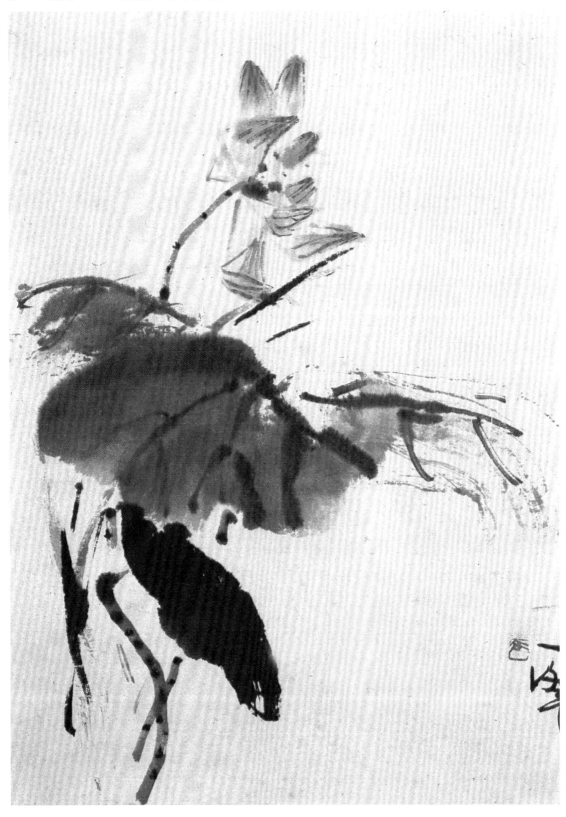

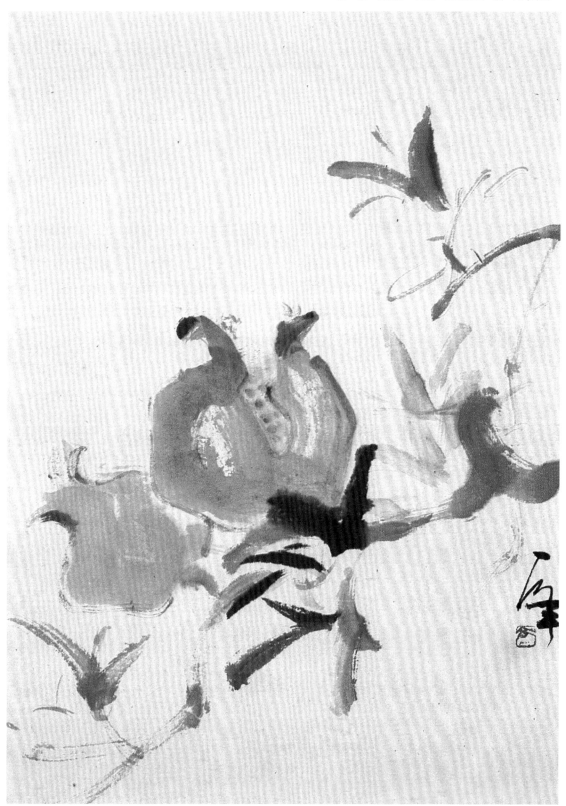

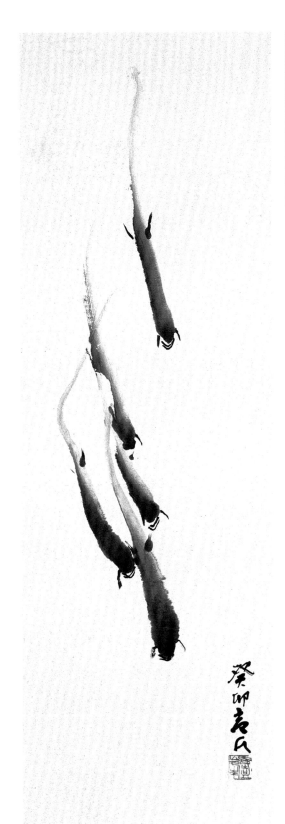

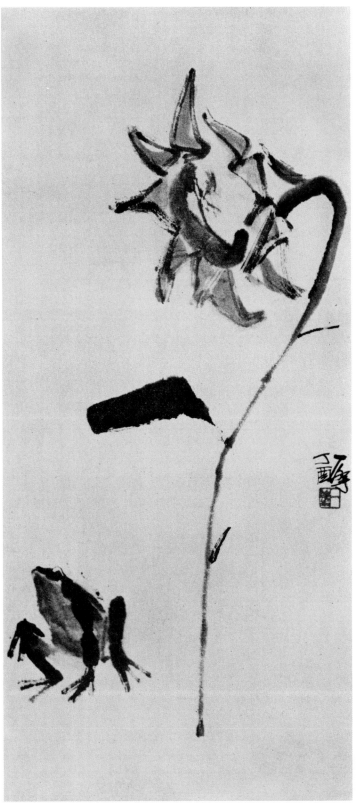

1960年，已經是「五月」與「東方」等畫會掀起「臺灣現代繪畫運動」的第三年，臺灣的創作氣氛，逐漸由傳統的中國水墨畫和物象經營的西方油畫，轉向以純粹抽象為理念的方向。高一峰在中山堂的畫展，儘管有些好評，並在結束後，轉往中美經濟會續展三天；同時，適逢美國總統艾森豪訪臺，外交部經由介紹，選取高一峰花鳥畫作一幅，商請監察院長于右任題詞「自由之光，高一峰畫贈艾森豪總統」等字樣，作為贈禮；此外，有些作品，被重複訂購竟達十數幅之多等等，但這些情形，到底無法改變畫壇發展的大方向，高一峰自認有被社會忽視的感覺，而心情低落。

此時，他的健康情形持續惡化，藉助藥物也已無法稍有改善，情緒低落，而精神鬱抑，不得已，只好向學校請了一年長假，於1961年8月，全家遷回臺北市，住在仁愛路。

回臺北的第二天，便遇到了波密拉颱風的侵襲，此後的日子，就

［左頁左圖］
高一峰，〈悠（一）〉，1963，水墨、紙，91×30cm。

［左頁右圖］
高一峰，〈向日葵（一）〉，1957，水墨設色、紙，尺寸未詳。

【關鍵詞】 張隆延（1909-2009）

張隆延，1932年畢業於南京金陵大學（今南京大學），前往法國南錫大學深造，獲法學博士。1962年出任中國文化大學藝術學系主任，1964年擔任中國文化大學藝術研究所所長。其後出任國立臺灣藝術專科學校（今國立臺灣藝術大學）校長，教育部國際文教處處長。1966年至1971年奉派巴黎出任中華民國駐聯合國教科文組織常任副代表，在國際外交文化界中夙負盛名。1971年後他離開公職，寓居紐約，任教於聖約翰大學（St. John's University）。

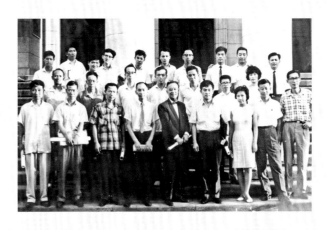

張隆延的書法造詣和藝術評論家的身分備受推崇。他一生勤書不輟，至晚年書風蒼勁渾厚，以筆名「轟翁」於報刊發表許多藝評。張隆延執教多年，作育英才無數，包括傅申、劉國松、胡念祖、姚一葦等均為張氏得意門生。1988年國立歷史博物館曾為他舉辦九十回顧展。（編按）

1969年，張隆延（前排中）與當時的中青輩畫家在臺灣省立博物館（今國立臺灣博物館）前合影。

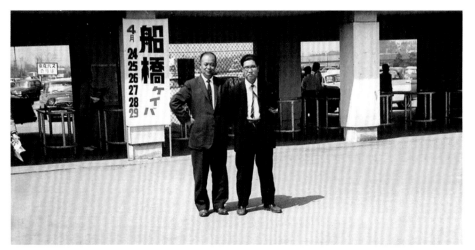

1962 年，高一峰（右）與友
人至日本東京的船橋賽馬場參
觀。

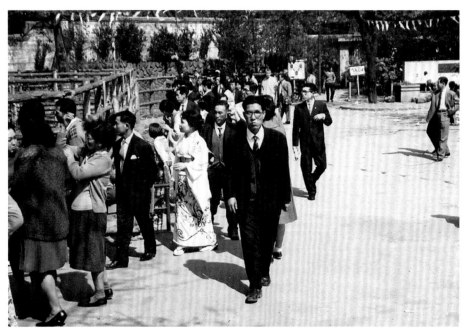

1962 年，高一峰留影於東京
上野動物園。

像夜裡的強風暴雨，不斷地向這對苦難的夫妻襲擊。高一峰的病情，未
見改善，反而愈加沉重，除了情緒的低沉，也時常走路摔跤、嘴歪流
口水，輾轉看了許多精神科醫師，始終無法找出病因，最後經由臺大醫
院的檢查，斷定是腦中生瘤；在親友們的再三商量考慮下，決定赴日開
刀。不過，在日本東京大學醫學部附屬醫院，經過一個多月的檢查，卻
發現頭部並沒有任何毛病。由於在醫院中，醫療人員對他的尊重、鼓
勵，視他為畫家，也使他的病情意外獲得好轉。

1962年的某個早上，高家養的一隻小鳥，不知怎地突然飛走了，清晨醒來，獨存一個空洞的鳥籠，夫人在日記上記下了這件事：「畫眉鳥不知在何時飛去了，鳥籠寂寞地掛在竹竿上，清脆激越、蕩人心弦的長鳴，猶縈繞在耳，鳥兒，你何處去了？峰作〈鳥去籠空〉一幅。」（1962.5.24）

　　〈鳥去籠空〉是高一峰自日本檢查腦病回來不久所作的作品，由於精神的日益不濟，整日呆坐、抽煙、不說話，自稱「活死人」，失去鳥兒的鳥籠，沒有了生命，失去了健康與精神的高一峰，是不是也只剩下一具沒有生命力的軀殼？畫家以畫自喻的心情，隱隱浮現。

高一峰，〈鳥去籠空〉，1962，
水墨、紙，25×31cm。

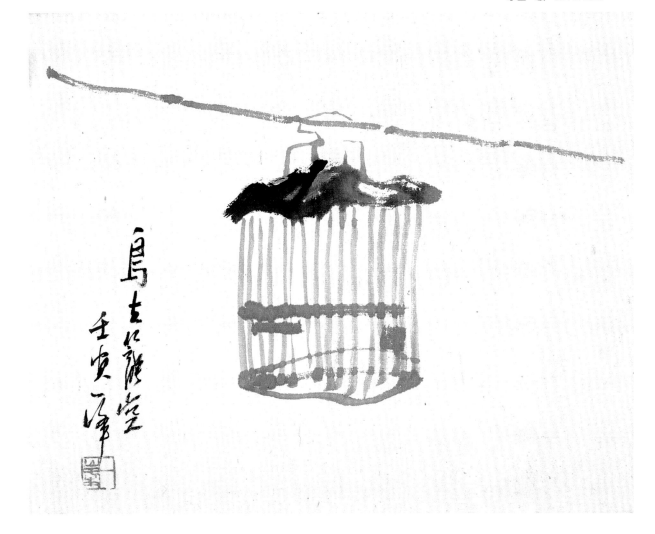

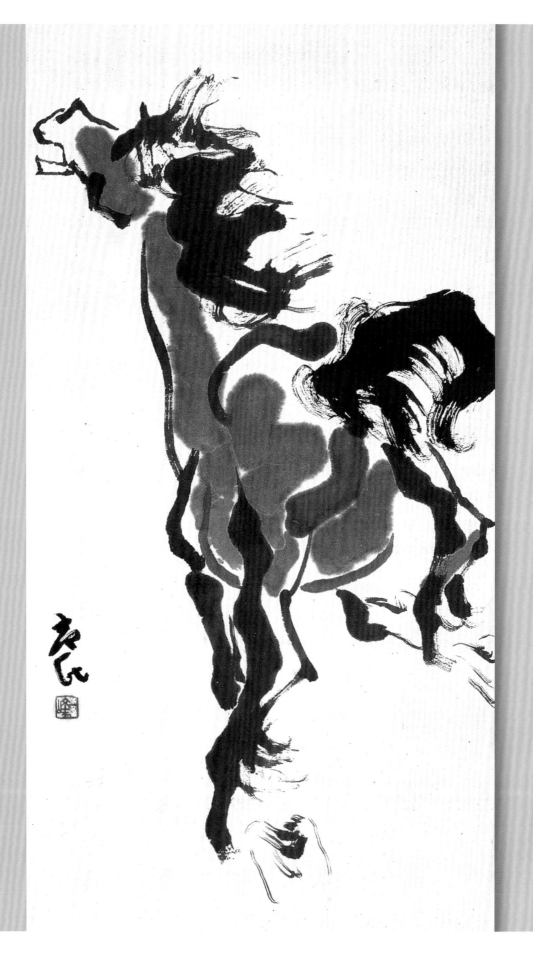

5.

臺灣藝專的一則傳奇

生命是有盡的，藝術創造是無限的。我為它困擾半生，滿腦子的想像滿腦子的造形，睜開眼，找不到符合美感的物象，閉目凝思，無窮盡的極美的形象卻不斷顯現。……動筆一畫，又不是那回事。美好形像招引我，待我去捕捉，卻又撲空。多苦惱呀！做一個畫家！

——高一峰自述。

作為一位藝術家，高一峰能夠表現出一種內在的精神意象，筆簡意賅，意境孤淒，成就了他歷久彌新的作品風貌。

1962年高一峰四十八歲時應聘至國立臺灣藝術專科學校（簡稱國立藝專，今國立臺灣藝術大學）美術科任教，這段時期是他來臺後，生活最為安定的一段時間，社會的尊崇也隨之而至。

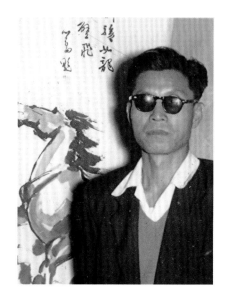

[本頁圖]
帶著墨鏡的高一峰於自己所畫的駿馬圖前留影。

[左頁圖]
高一峰，〈躍馬〉，1958，水墨、紙，109×48cm。

遷居臺北，任教藝專

　　1962年9月，國立藝專成立美術科，首任科主任鄭月波，鑒於高一峰水墨藝術的成就，特地聘他前往任教。這是高一峰的藝術讓年輕一輩學生真正認識的一個重要轉折。

　　知名畫家、文學家的王家誠，當時擔任國立藝專美術科助教，負責高一峰一些日常雜務的協助，成為在這段時期，和高一峰一家接觸最頻繁和親近的人。

　　王家誠回憶說：

　　　　在辦公室或接送教職員的車子上，經常，他沉默著，有時會突兀

【關鍵詞】 鄭月波（1907-1991）

　　鄭月波，出生於新加坡，1933 年在國立杭州藝術專科學校（今中國美術學院）第 1 屆畢業生，以文憑第一號畢業。1935 年到上海美術專科學校（今上海大學上海美術學院）圖案系任教。戰後鄭月波到臺灣發展，1952 年秋受臺灣省立師範學院（今國立臺灣師範大學）黃君璧系主任之聘，任教藝術系，教授圖案畫及素描，晚上並兼夜間部國畫課。他在師範學院教授水墨畫時期以畫馬與貓最多，特別講究立體光影，作品頗具生命感。

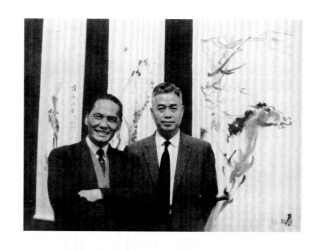

　　1962 年鄭月波受聘籌設並擔任國立臺灣藝術專科學校（今國立臺灣藝術大學）美術科首任科主任，他力邀國內最出色的藝術家任教，當時所聘教師包括：高一峰、傅狷夫、胡克敏、王壯為、楊英風、莫大元等。

　　1960 年鄭月波加入「八朋畫會」，並於 1967 年遷居美國發展，於卡密爾（Carmel）創設「中華藝苑」，以繪畫為經營主題並教授水墨畫，藉以宣揚中華文化。1970 年張大千遷居環蓽盦「可以居」，與鄭月波為鄰，兩人經常合作共繪。鄭月波 1991 年逝於加州。他創作的「隔紙畫」與「指畫」頗受好評，表現出中西藝術傳統又新創的畫風。（編按）

鄭月波（右）與黃君璧合影於 1956 年。

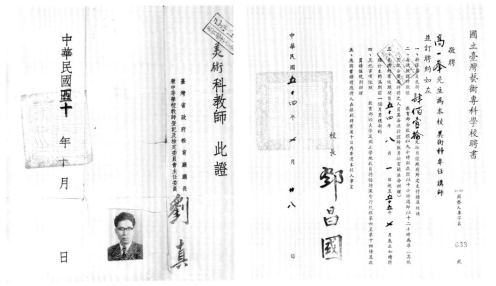

[左圖]
高一峰的教師證。

[右圖]
1965年，高一峰獲聘為國
立臺灣藝術專科學校美術
科教師的聘書。

地問：「你覺得我的畫怎麼樣？」濃重的山西口音使人有點不知
所措。但他接著來的一句卻是：「你說好，我不覺得好，畫畫一
點意思都沒有；只有白紙才是最美。」

菸一根接著一根吸，糖不斷的吃著；我發現，高一峰的飲食習
慣，也大異常人。有時，他用抖動的大手，把學生招到眼前：
「你去！去給我買包香菸！」或託他們買糖，多半忘記拿錢給他
們，但他們都樂於為他去買。咧著嘴，他那種把菸、糖拿到手時
的感激笑容，很是動人。

1963至1966年間，就讀於國立藝專美術科的知名畫家李義弘，也回
憶說：

上課，他準時到達，那是搭上校車的緣故；有時搭上了車，卻不
見人影，原來他孤影彳亍到浮洲里的一家西藥房買「檸檬精」，
隨買隨吃。女同學，「有錢」（善積蓄），心細。在上課前她們
早已買好了花生或花生糖。茶酒有道，菜亦有色，即援此道，每
週也就「糖色」不一，頗富變化，未嚐津先出，我想老師吃糖如
喝仙醍。如是這般，邊吃邊畫畫稿。每學期的前幾週，老師為認

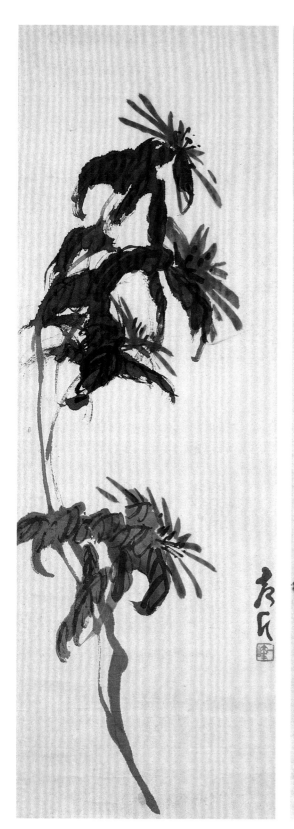

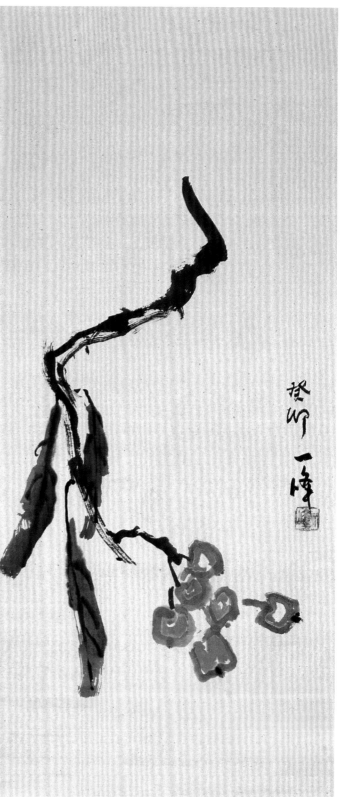

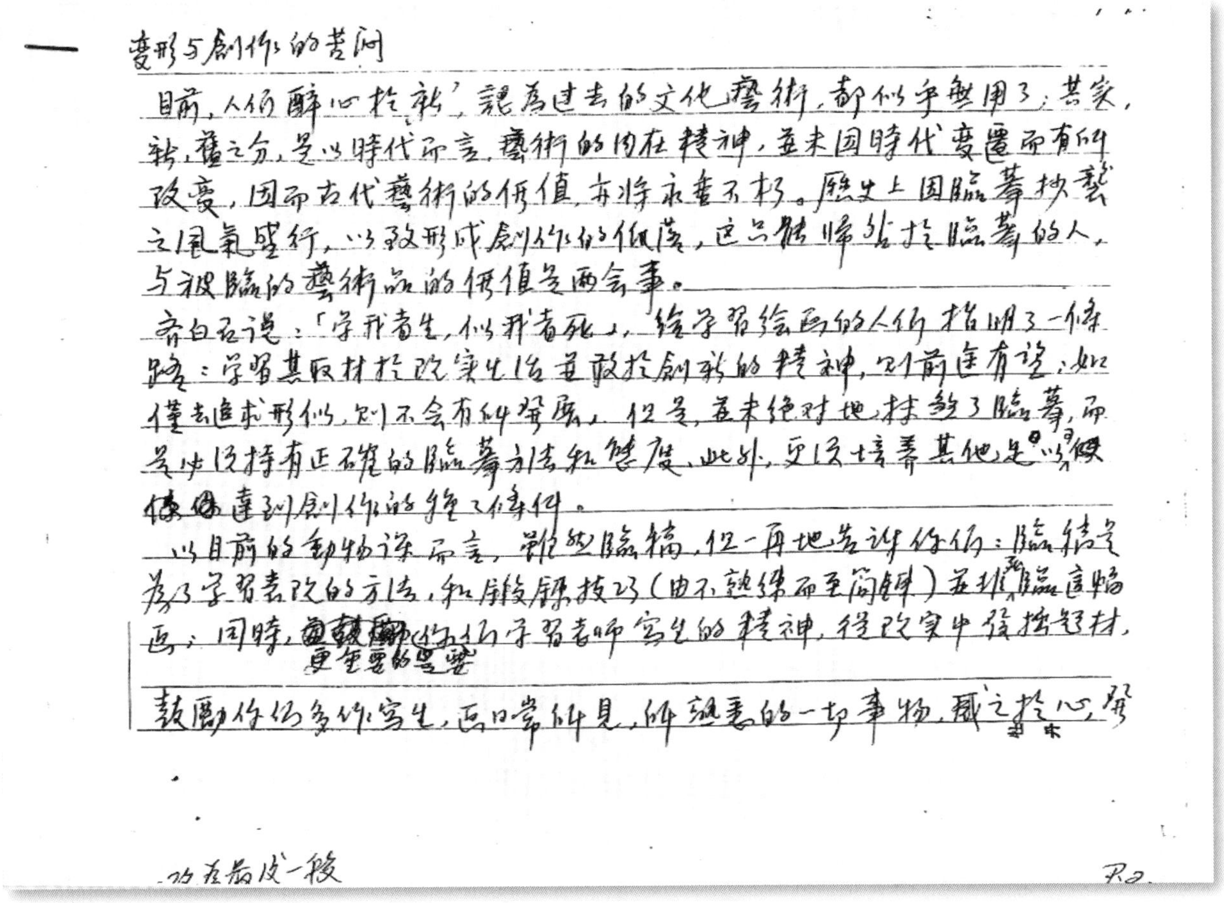

造形与創作的苦悶

目前，人們醉心於新，認為過去的文化藝術，都似乎無用了。其實，新、舊之分，是以時代而言，藝術的內在精神，並未因時代變遷而有所改變，因而古代藝術的價值，亦將永垂不朽。歷史上因臨摹抄襲之風氣盛行，以致形成創作的低落，這些錯歸咎於臨摹的人，与被臨的藝術品的價值是兩回事。

齊白石說：「學我者生，似我者死」，給學習繪畫的人們指明了一條路：學習其取材於改變以及敢於創新的精神，以前途有望。如僅去追求形似，則不會有所突破。但是，並未絕對地抹殺了臨摹，而是必須持有正確的臨摹方法和態度，此外，更須培養其他足以使像達到創作的…條件。

以目前的靜物課而言，雖然臨稿，但一再地告訴你們：臨結果為了學習畫改的方法，和破解技巧（由不熟練而至簡鮮）並非臨這幅畫；同時，…的…學習老師寫生的精神，從改變中發揮題材，更重要的選擇。

鼓勵你們多作寫生，在日常所見，所熟悉的一切事物，職之於心，發…

如左為後一段

P.2.

張素蓉為高一峰準備的上課綱要影本。

識同學而必須點名，我們喜歡他的點名：口一開，卻在五、六秒後，才聽到凝音而出的渾濁微顫的聲音。同學們猴急似的也不期然地跟著張口，等聽清楚了是誰，大家按捺不禁的呵呵一笑！他「唱」起名來，節調平整，音色不佳，音質偏濁，宛如破舊的低音喇叭，卻不減於大家對他的崇敬與親和。這樣活生生的聲音一直使我們緬懷不已！

上課用的畫稿或講解綱要，都是夫人為他準備。有時上課了，站上講臺的高一峰，會帶著一臉困惑的神情，伸手掏摸西裝外套的口袋；而終於一無所得地攤手苦笑，原來夫人為他整理的綱要，不知如何地遺失了！好在言語並不重要，高一峰有的是豐富的造形語彙。

[左頁左圖]
高一峰，〈聖誕紅〉，1960，水墨設色、紙，102×35cm。

[左頁右圖]
高一峰，〈枇杷〉，1963，水墨設色、紙，尺寸未詳。

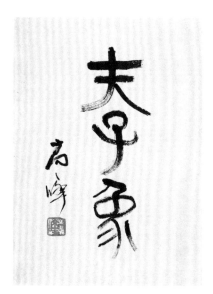

高一峰的書法作品〈夫子象〉。

精簡的形意·創作的原型

　　上課,看高一峰講解、示範,是一種極大的感動與教育。平常抖動不已的手腳,一旦執筆蘸墨,手就不再抖動,眉宇間詳和而寧靜。王家誠時常為了阻隔太多其他前來旁聽、觀摩、索畫的同學和教職員,而經常觀看高一峰的作畫,他描述:「……行走、駭奔著的健馬,彷彿永遠在回思著的駱駝,扭頭斜視的小雞,沐浴在絲絲垂柳下的水牛……,這時,高一峰的頭腦,恍如一個萬有的世界,事事物物,從筆下源源而出,不急不徐,像一灣溪流似的流洩著。」

　　經常,他無視於畫紙下的有無墊布,不在乎使用的是拿手的羊毫筆或不是,甚至對同學事先裁好的紙張形式也不計較,橫擺畫橫幅、直擺畫直幅、裁成斗方就畫斗方,動作遲緩中,從容不迫。李義弘說:「畫畫稿通常是水墨教學的一種方式。看他畫馬,我的揣摩差矣!原以為行筆速捷,沒想到竟是從容不迫,遊筆攄捨。而他即筆示範的『畫稿』,不見得是既成習性的自然反射作用,在精簡的形意上可看出他創作的

高一峰與藝專學生前往動物園寫生時留影。

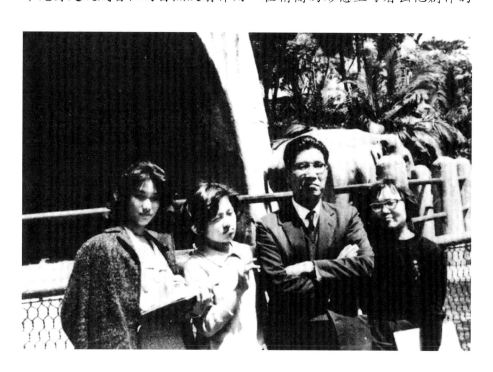

『原型』。他的畫稿不是初學的基本，不是扎工夫的原料，不是循序漸進的可習性。從師母按『教學進度』且已整理給我們的『小畫稿』已是具有相當完整的作品，有些不署款不鈐印也不覺得缺失；那不是我們葫蘆依樣就能畫得其意的。僅就『教』與『學』的單向關係上，他的方式是自由的，是齊白石式的——先看後想。因而我們學到的不是浮面的筆墨，而是老師用心於尺幅之間的錬爐。」

　　偶爾，為了教學的必要，高一峰也會帶領同學前往圓山動物園寫生、觀察動物的形態。

　　1963年5月，他將畫作作一整理，選擇其中三十幅，出版《高一峰畫集》，這對學生的學習，顯然提供更便捷的管道，學校也配合畫集的出版，在素描教室為他舉辦了大約一個禮拜的非正式個展。

終曲

　　任教國立藝專的這段時期，可以說是來臺後，生活最為安定的一段時間，社會的尊崇也隨之而至。然而夫人的病體也在這段時間，持續惡化到無法正常作息的景況。持續多年的日記，停止於1966年的2月21日，只是簡單的幾個字：「精神較佳」（注射H3第三針，服福壽多）。

　　不到一個月後，這位一生為病痛所苦，卻以極大的耐心照顧同為疾病所苦的藝術家丈夫，共同追求「殘缺的完整」的偉大女性，終於放下殘缺的肉體，回歸靈魂的完整，與世長辭。

　　夫人的離開，已經註定高一峰餘生的命運，隔年3月，高一峰住進位於花蓮的臺灣省立玉里養護所（今衛生福利部玉里醫院）。1970年7月，署名高一峰的自述文〈無盡的追求〉，刊登在《藝壇》雜誌，根據高氏當時的精神狀況判斷，這篇文字應是出自好友婁志清的手筆，但相當忠實地反映了高一峰一生藝術追求的理念。兩年之後的1972年年底，在幾乎已經為人完全遺忘的情形下，高一峰因呼吸衰竭，孤獨地病逝於花蓮玉里養護所，享年五十八歲。

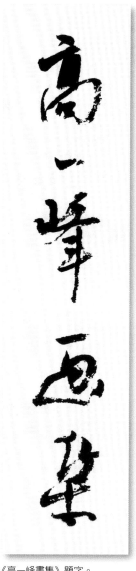

《高一峰畫集》題字。

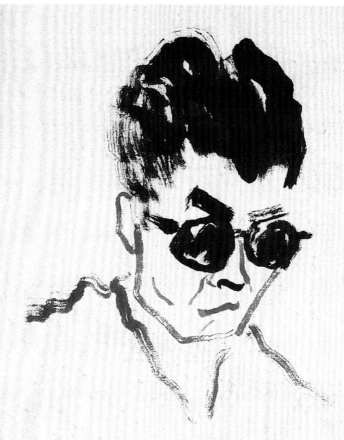

今日之我佐畫塵些

挂卻王侯游位名士记

乙未書自獨你峰

应是傷心訴無處

開橫瘦影與人看

怒一筆先自畫像 右上

6.

殘缺中的完整

高一峰的傳奇生活與藝術成就，曾經是許多年輕學子崇仰、歌頌、
流傳的口碑，而其風格走向，多少也為後進的吳超群、李奇茂、王
家誠、鄭善禧、李義弘等人，提供了滋養的養分。

他的畫筆在遙遠的島上想念那曾經年少的歲月，克服身體的病痛，
凝結成一幅幅永恆的畫面，那童年時期對「畫家」頭銜的夢想，原
來是要以一輩子的生命去辛苦換得，作品的超越、突破也是一生無
盡的追求。高一峰，不再只是流傳在學生、朋友口中的一則傳奇，
而是臺灣戰後畫壇扎實深沉又殊異孤寂的存在。

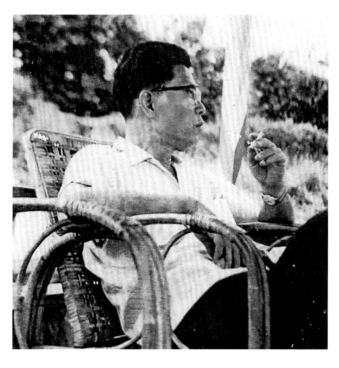

[本頁圖]
高一峰留影於碧潭。

[左頁圖]
高一峰，〈自畫像（一）〉，1959，
水墨、紙，70×26cm。

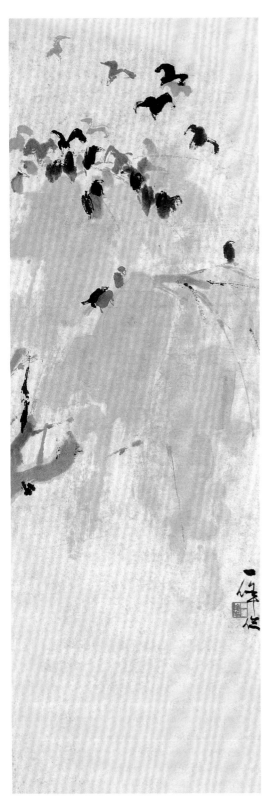

高一峰，〈群鴉〉，1957，水墨設色、紙，87×29cm。

藝術家背後的另一半

　　論述高一峰的成就，不能忽略背後重要的精神支柱，也就是以最大的耐心和毅力，克服了自身嚴重的「類風濕」病痛折磨，而始終如一、無怨無悔地支持、照顧高一峰的妻子——張素蓉。

　　這位充滿文學才情的女士，終生以一種敬仰、信賴的心情，提供畫家高一峰一個可以無後顧之憂的家庭生活，尤其到了高一峰創作的晚期，任教國立藝專時期，幾乎已經無法自理生活的瑣事，遑論教學的準備或作業的批改。張素蓉無視於自己也已經瀕臨生命盡頭的嚴重病情，為高一峰準備上課的講稿、畫稿，為高一峰記錄、眉批學生作業的各項評語與建議，她視高一峰為藝術生命的導師，卻以自己的生命來填充支持高一峰藝術生命的完成。與畫家丈夫，同喜、同苦、同悲、同樂，讓我們再回頭看她和高一峰共同經歷創作生命的煎熬與苦樂，她說：

> 完成一幅畫，真不是件容易的事，畫前要經過細密的構思，畫時更需聚精會神，稍有疏忽，一筆不好，一幅畫便要重新再畫。
>
> 峰作畫時，我在旁邊也隨著緊張不已。當畫成了一幅，認為滿意時，便釘在牆上，愉快地欣賞，此時，彷彿大地回春，百花開放；但若一筆畫壞了，不僅丟筆、撕紙的聲音，擊碎了安靜的氣氛，而嚴霜滿布的寒冬也隨著降臨；這時侯，峰的那副氣憤苦惱的面孔，真令人望之生畏。作畫，實在太勞神費力了。（1955.9.7）

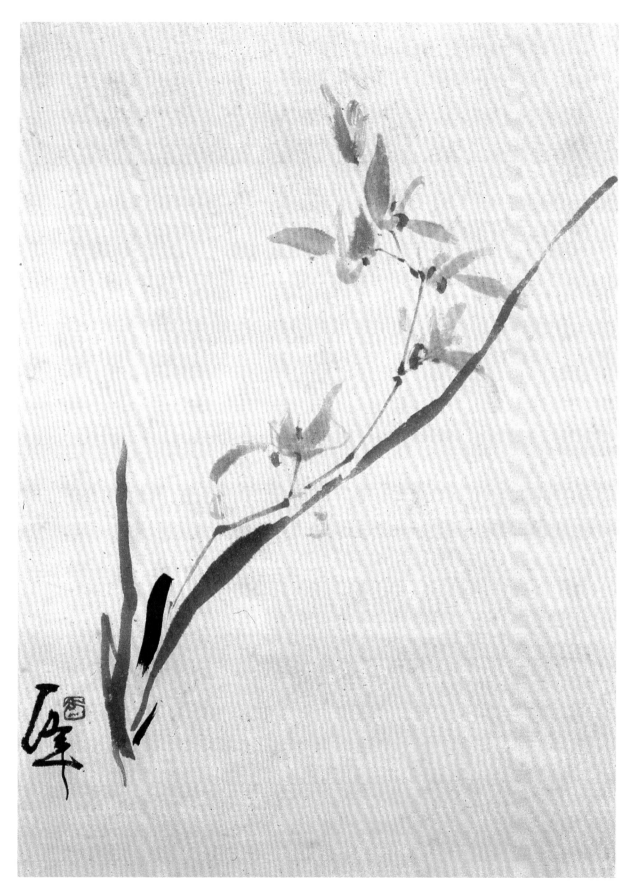

高一峰，〈蘭〉，1956，水墨設色、紙，尺寸未詳。

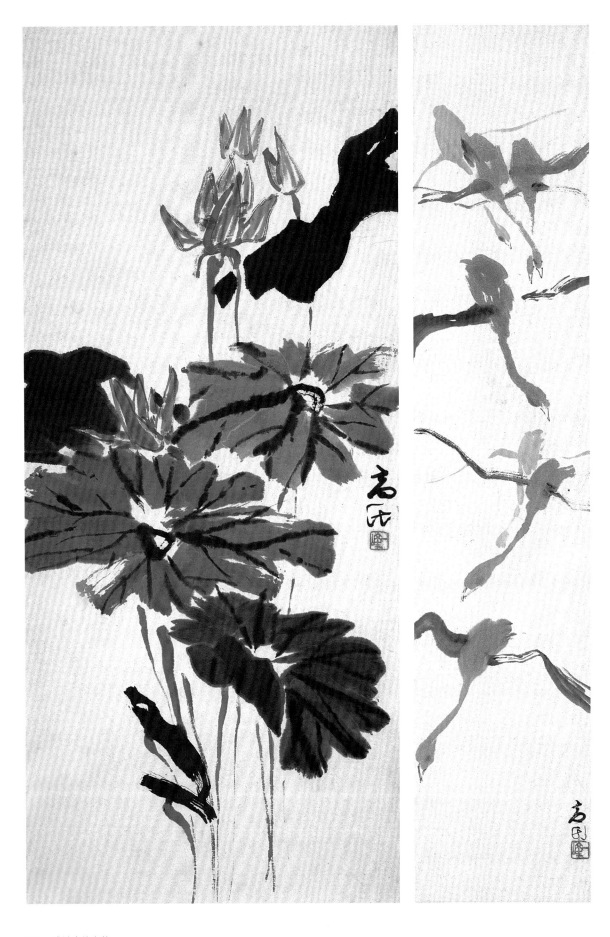

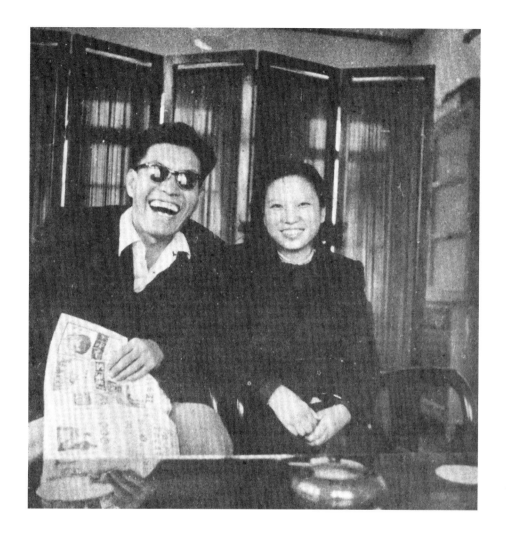

［左頁左圖］
高一峰，〈墨荷〉，1958，
水墨設色、紙，107×47cm。

［左頁右圖］
高一峰，〈雁約〉，1962，
水墨、紙，110×23cm。

高一峰與妻子張素蓉合影於
1955年元旦。

　　高一峰的喜，便是她的喜，高一峰的憂，便是她的憂，而她還要
以更大的容量，來承受家庭生活、子女教育，以及自己病痛的折磨與壓
力。她不是超人，她也有情緒的低潮與苦惱：

　　　悶在昏暗的屋中，心靈都將霉了；院中又十分吵雜，峰情緒愈益
　　　煩躁苦惱，不能作畫。

　　　關節又腫脹發熱，難以動轉，這樣的折磨煎熬，何時是了？活著
　　　有什麼意思？（1958.10.6）

　　然而，藉著文學的力量，藉著對丈夫藝術生命完成的期望，她終於
克服一切的苦難，直到生命的終了。

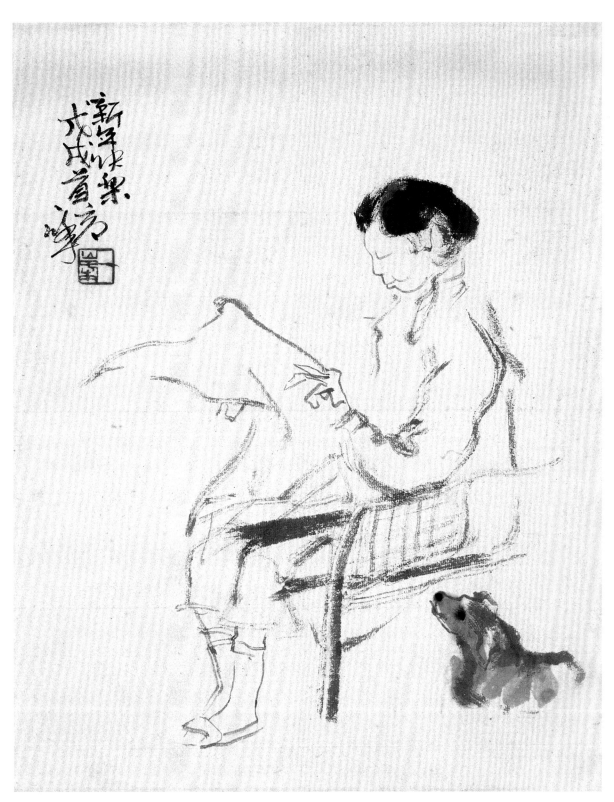

高一峰，〈神怡〉，1958，水墨設色、紙，37×29cm。

張素蓉 1951 年的日記《似水年華》手稿影本。

　　那位日後成為知名文學家與畫家的王家誠，當年曾經多次進出高家，目睹了這個悲劇家庭的實際生活，看見這位偉大的女性，如何把先生最可貴的作品，掛在眼前，坐在輪椅中，靜靜地看畫，她說那樣彷彿就是在同他的心靈交談一樣。王家誠說：「用『賢淑』來形容這個女人是不夠的，她愛他，理解他的畫，理解他該吃什麼，理解他心裡的念頭。每天，她寫很多小紙條，提醒他該做這個，或是該做那個，因為他健忘。但他畢竟很健忘，時常連裝在口袋裡的條子也不記得看。」於是，王家誠揣摩夫人的心境，寫下了這位偉大女性的心語，題名〈殘缺的完整〉，刊登在1963年5月的《聯合報》：

　　　　房子裡很陰涼，簷下種著絲瓜，絲瓜藤子攀來扯去，所以空氣也是綠的：很淡的綠。

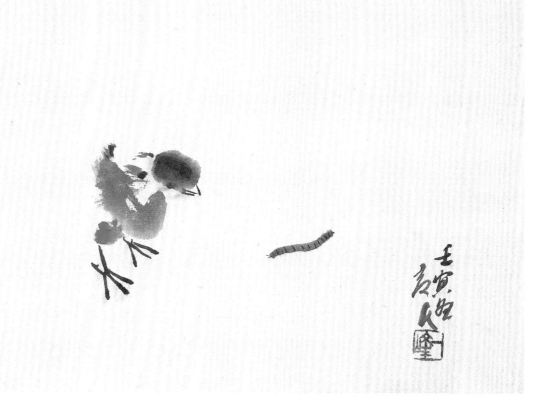

高一峰，〈小雞覓食〉，
1962，水墨、紙，
尺寸未詳。

人家問我，整日坐在這裡悶不？我也不覺得怎樣悶。有風的時候，瓜葉就連藤地抖動，像他那時而抖動的大手。我從這裡可以看見他，他一回來就坐在那裡，筆直地坐著，抖著腿和手。發出「沙沙」的聲音。他不在家就更靜了，可以聽到大街上的車聲，有時可以聽到更遠的海邊的汽笛聲和水聲。孩子們聽不見，他們回家後總是很快地就睡了。有時候他可以聽見更遠更遠的一些斷斷續續的喁語，和風吹著螺殼的聲音。

最近他睡得更少了，每次我醒來的時候，總見他那樣地坐著；平板的臉上好像罩上了一層灰，兩眼半睜半閉地。問他想些什麼？他說什麼也沒想。問他聽見什麼了，他搖搖頭。有時我猜他是睡著了；可是當我拄著拐杖想為他蓋上雙腿時，他卻向我擺擺手。
……

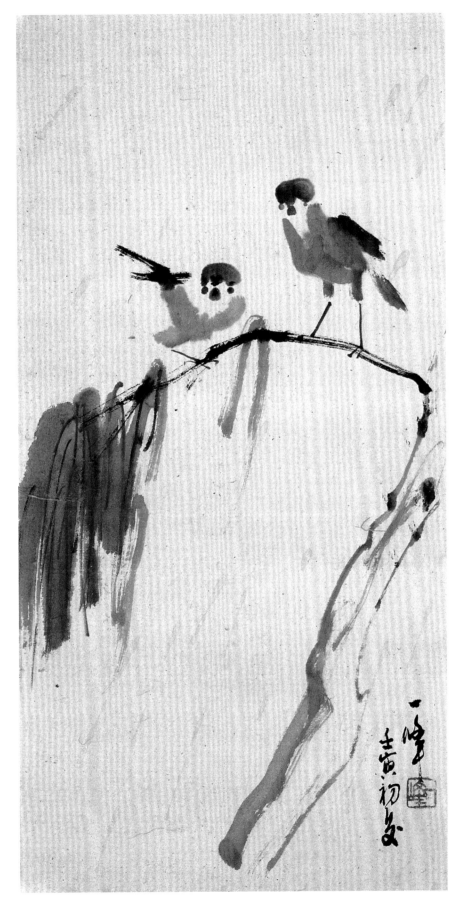

高一峰，〈雙雀〉，
1962，水墨設色、紙，
尺寸未詳。

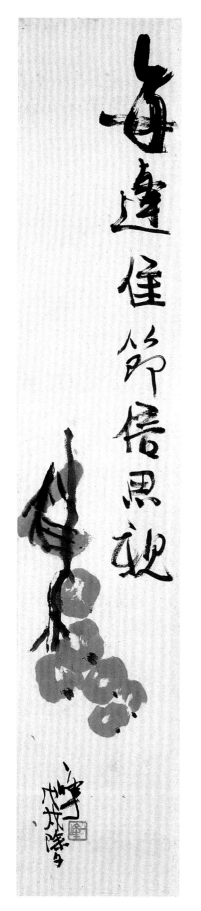

每次他走進來，他的腳步，沉重而遲緩，我也聽得見；而給我的感覺，卻飄忽得像一片落葉。連他的存在，也有點飄忽，有時我確切地體味到他與我合而為一。那摻雜著海沙味的斷斷續續的喂語，甜蜜地在我心中流動；有時他隔得那麼遠。然後，他筆直地坐在那裡，坐在我看得到的地方。他的嘴緊閉著，偶而會篩出一絲近乎揶揄的笑。快是他吃甜點的時候了吧？

他的食量越來越少，一些辛辣的紙菸、甜點、鹹菜和少許的米飯，怎能支持得那樣一個身子呢？

……

命運會沒有暗示嗎？命運有暗示的；下雨前，石面會蒸出水珠。春天要來的時候，心中自然有一種微妙的喜悅。只是事先我們不大察覺，事後我們都會想出很多很多。然而想它作什麼呢？這是世界上最單純也是最複雜的事，那就是命運，命運來打擊我們了，用病來纏死我們，好像海神的巨蛇，纏繞著臘孔家（編按：〈勞孔群像〉（Laocoon Group〉）的命運一樣。我癱了，他瞎了，毒菌感染著他的智慧，而他的智慧更充實了。什麼能打擊我的巨人？什麼能打擊我的丈夫呢？臘孔家留下完美的雕像，而我們得到了殘缺的完整。這是永恆的完整，最美滿的完整呀。……

高夫人張素蓉讀到了這篇文章，很高興地對王家誠說：「所有的朋友，在這個小屋裡，只能見到悲傷的憐憫；而你卻看到了另外的一方面！」王家誠則高興自己的文章，能給予這位堅強的女性，一點點安慰，也希望她從心靈的完整中，得到更大的幸福。

不過，文章刊出未隔三年，張素蓉便與世長辭了，王家誠在隔了一段時間之後，才聽聞她的死訊，心中難過之餘，又以張素蓉已經離開的靈魂為角度，寫下：「深夜，有霧，靜的聽得見灰塵

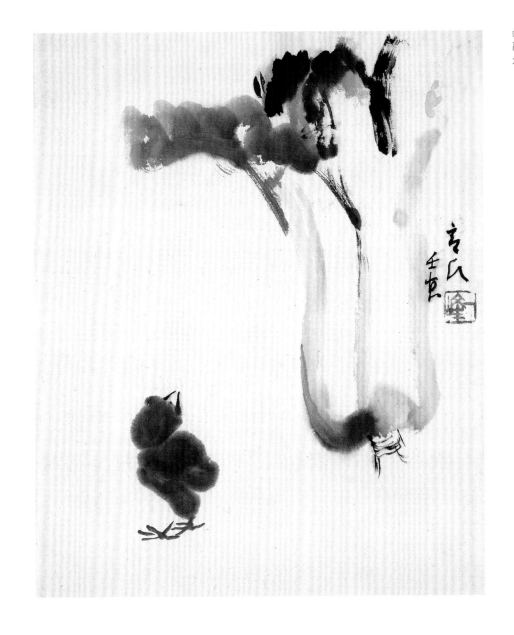

高一峰，〈思親〉，1958，
水墨設色、紙，109×21cm。

高一峰，〈白菜小雞〉，1962，
水墨設色、紙，40×32cm。

落下來的聲音。那靈魂回到她生前的家，她的丈夫，他的手仍在抖著，
而她生前所用的支架輪椅，一切象徵著癱疾和殘缺的，都已成為過去和
無意義，因為靈魂並不癱瘓。畫家的生命像一個謎，只生活在冥想中，
所以那冥想中紙鳶的船，無影無形地通往他冥想中的永恆。」這篇題名
為〈紙鳶的船〉的文章，發表於1966年，也就是張素蓉過世的那一年。
藝術家的心靈，透過另一位藝術家的文筆來描述、詮釋，格外顯得細膩
動人。

張素蓉的日記《年華似水》，詳細記載了高家自1951年以迄1966年間的生活，是戰後臺灣畫家中，最完整的親人記錄，本身也是一本傑出的文學作品，尤其反映了戰後初期大陸來臺文化人士的深沉思念與困頓，這是我們在重新面對高一峰這樣一位重要藝術家時，不應忽略的另一個重要面向與內涵。

藝術傳承、影響與定位

高一峰雖然自幼喜好繪事，但真正接受正規的美術學院訓練，只有1938年至1940年間，短短兩年左右在京華藝專的生活。高一峰藝術風格的建立，以及其藝術生命的完成，與其說是來自學院的啟蒙或引導，不如說是來自自我長期深刻的觀摩、揣摩、練習與突破。

舉凡八大山人的簡拙、白石老人的老練，乃至徐悲鴻的墨馬，高一峰其實都依賴少數有限的作品甚至印刷品的自我揣摩與體會，但由於高一峰誠樸真切的藝術心靈與用心，加上大漠生活的回憶與臺灣鄉野的關懷投入，終於凝結成他個人獨樹一幟的風格面貌，

高一峰，〈鶴〉，1955，水墨、紙，尺寸未詳。

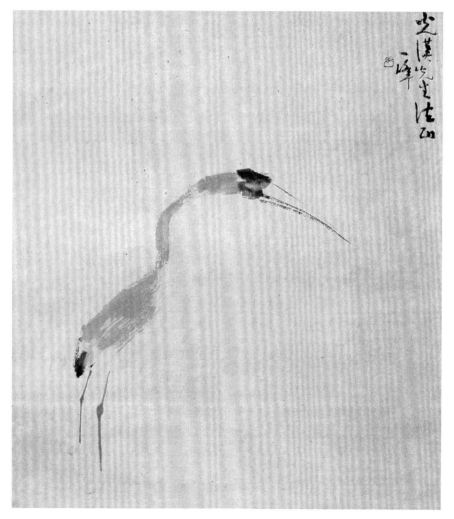

且和其悲苦、病痛的生命，緊緊連繫呼應。

臺灣的水墨繪畫，曾經在日治時期，因膠彩寫生的輸入，而一度低迷。戰後，大批中原水墨畫家的來臺，使水墨發展重現生機，但由於特殊時空交會的因緣使然，使原本倡導水墨革新的畫家，無一來臺，來臺者，多以傳統水墨繪畫為取向。相對於這種特殊的文化大勢，高一峰那些來自生活真實體驗的作品，終能突破懷鄉山水的侷限，而散發出生命的悸動與熱力；進而與本地的風土民俗相結合，呈現出孤寂與熱情並存、悲涼與幽默齊發的藝術風貌。

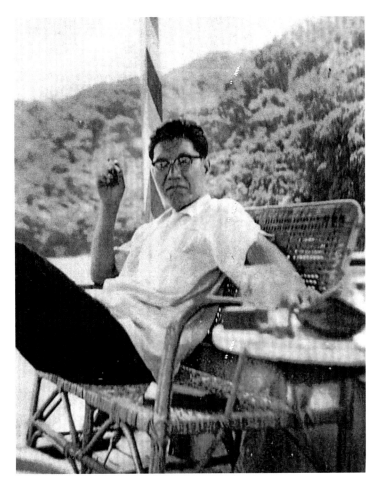

高一峰遊碧潭時留影。

高一峰的傳奇生活與藝術成就，曾經是許多年輕學子崇仰、歌頌、流傳的口碑，而其風格走向，多少也為後進的吳超群、李奇茂、王家誠、鄭善禧、李義弘等人，提供了滋養的養分。

黎明，沙漠上的蒙古包，是那樣靜靜地覆蓋著，遠遠的山腳下，召廟的鐘聲已然響起，喇嘛們的法螺，驚醒了睡夢中的牛羊駝馬……。

高一峰的畫筆在遙遠的島上想念那曾經年少的歲月，克服身體的病痛，凝結成一幅幅永恆的畫面，那童年時期對「畫家」頭銜的夢想，原來是要以一輩子的生命去辛苦換得，作品的超越、突破也是一生無盡的追求。

高一峰，不再只是流傳在學生、朋友口中的一則傳奇，而是臺灣戰後水墨畫壇扎實深沉又殊異孤寂的一個存在。

高一峰生平年表

1915	· 一歲。8月26日出生於山西省徐溝縣。父親名為高經，世代經商，家境富裕，母親為武氏。
1919	· 五歲。一次因病昏迷數日未醒，家人擔心四處延請名醫救治，病情終得好轉。為紀念此事，父親為之取名重生。
1927	· 十三歲。小學畢業，在校圖畫成績傲人，為班上第一名。
1935	· 二十一歲。入太原成成中學，運動成績優越，擅長撐竿跳及打籃球等，因身手矯捷靈活，得到「魚兒竄」的綽號。
1938	· 二十四歲。進入京華美術專科學校（今中央美術學院）就讀，研習油畫、素描等術科，尤其欣賞齊白石的畫風。
1940	· 二十六歲。6月，結束於京華美術專科學校的學業。返家，娶妻，隔年生子宜溫。
1942	· 二十八歲。前往綏遠陝垻（今內蒙古自治區）擔任社會工作，開始接觸到蒙古人的生活，對其十分心儀。
1943	· 二十九歲。與張素蓉女士相識，並結為連理，定居綏遠陝垻，於奮鬥中學（今呼和浩特市第二中學）擔任教職。
1944	· 三十歲。長子出生，取單名為燦。 · 隻身騎驢前往外蒙古邊區寫生長達三個月之久，此行收穫，對其日後創作方面影響甚遠、甚巨。
1945	· 三十一歲。奮鬥中學復原，遷往歸綏，前後任教於國立綏遠中學（今呼和浩特市第一中學）及綏遠師範專科學校（今內蒙古師範大學）。
1947	· 三十三歲。長女高慧出生。
1949	· 三十五歲。與妻子一同任教於綏遠特別行政區立第二中學（今包頭市第一中學）。次女二慧出生，妻子因未做好月子影響身體，導致風濕病纏身，輾轉病榻十餘年未見痊癒。
1950	· 三十六歲。全家輾轉抵臺，先暫居位於臺北市和平西路的岳父張慶恩家中。
1951	· 三十七歲。2月，左眼出血，導致視覺受損、視線模糊。 · 9月，費時一個月為內政部調查局（今法務部調查局）繪製大幅史蹟畫。 · 年底時於臺北市南海路開設一家廣告社，並勤於創作，作品以水墨、水彩混合畫為主。
1952	· 三十八歲。左眼眼疾日趨嚴重，導致完全失明。 · 3月，參加「自由中國美展」，作自敘性作品〈人生回憶錄〉。 · 10月，結束開張一年的廣告社業務。
1953	· 三十九歲。8月在臺大醫院割除左眼。
1954	· 四十歲。返回教職，隻身一人赴臺中市立中學擔任美術教師。
1955	· 四十一歲。全家遷往臺中定居，住在臺中市立中學分部（今臺中市立雙十國民中學）教師宿舍。此時期高一峰的水墨畫已展現獨特面貌。
1956	· 四十二歲。7月21至22日，於臺灣省立臺中圖書館（今合作金庫商業銀行臺中分行）舉行首次個展，展品有五十七幅，廣受好評。 · 年底，於臺北市中山堂再次舉辦個展，此次畫展展出八十多幅馬匹、西北風光及小品創作，包括：〈蒙古召廟〉、〈投宿〉、〈故鄉大篷車〉、〈歸牧〉、〈慧慧的寫生像〉、〈芳草〉、〈雨〉、〈幽禽相對語〉、〈壽桃〉等。
1957	· 四十三歲。10月，全家搬到臺中市立第一中學本部的宿舍居住，因該宿舍屬大雜院性質，人多又吵雜，作畫環境大受影響，導致精神狀況不好，並服藥成癮。
1958	· 四十四歲。與呂佛庭、王爾昌、朱雲、徐人眾、李長林、曹緯初、唐曉風等人，於臺中組成「八清雅集」。
1959	· 四十五歲。10月，全家遷至臺中市北屯區（今潭子區）興華路，因離市區較遠，地處郊野，環境清幽，此時期繪畫創作力轉趨旺盛，完成作品甚多。包括：〈蒙古包〉、〈壽雞〉、〈鶺鶺鰈鰈〉等。
1960	· 四十六歲。6月24日至26日三天，於臺北市中山堂舉行第二次個人畫展，接著轉往中美經濟會繼續展出。

1961	· 四十七歲。8月，全家由臺中搬回臺北。入秋後因精神不好經常摔跤，先後前往滬江精神病院及國立臺灣大學醫學院附設醫院檢查治療，診斷出為腦中長瘤。
1962	· 四十八歲。3月，赴日本東京大學醫學部附屬醫院檢查月餘，待腦部無異狀後回臺。
	· 9月，應聘至國立臺灣藝術專科學校美術科任教，但仍因精神日益不濟，整日呆坐不喜說話。
1963	· 四十九歲。5月，《高一峰畫集》出版。
1966	· 五十二歲。因夫人病逝，哀痛欲絕，精神更加不濟。
1967	· 五十三歲。3月，赴臺灣省立玉里養護所(今衛生福利部玉里醫院)診斷，診斷出得到憂鬱悲觀症，記憶力因而減退，對工作環境也不感興趣，疑似患上慢性腦病症候群，25日住院治療。
1972	· 五十八歲。12月11日因呼吸系統衰竭，病逝臺灣省立玉里養護所。
1973	· 1月25至31日，於國立歷史博物館舉行追思畫展。
1984	· 10月7日至11月4日，「臺灣初期書畫回顧展——高一峰作品展」於臺北市立美術館展出。
1985	· 藝術圖書公司出版《高一峰畫集》。
2004	· 蕭瓊瑞《臺灣近代水墨大系：高一峰》由藝術家出版社出版。
	· 11月26日起，國立歷史博物館舉辦「閒描瘦影：高一峰的藝術世界」展及「高一峰的藝術世界學術座談會」，並出版同名畫冊。
2008	· 臺灣創價學會辦理「人間的孤高：高一峰水墨藝術」巡迴展，並出版專輯。
2021	· 《家庭美術館——美術家傳記叢書——大漠·鄉野·高一峰》出版。

▌參考資料

· ———，《高一峰畫集》，臺北：藝術圖書公司，1985。
· 徐永賢，〈高一峰之繪畫研究〉，臺北：中國文化大學藝術研究所碩士論文，1995。
· 張素蓉，《似水年華》(1951.7.9～1965.2.17日記)(未刊稿)。
· 國立歷史博物館編輯委員會，《閒描瘦影：高一峰的藝術世界》，臺北：國立歷史博物館，2004。
· 蕭瓊瑞，《臺灣近代水墨大系——高一峰》，臺北：藝術家出版社，2004。
· 游世河，〈高一峰水墨畫研究〉，臺北：國立臺灣藝術大學造形藝術研究所碩士論文，2005。
· 楊栓保，《徐溝古城》(清徐歷史文化叢書第六冊)，太原：北岳文藝出版社，2008。

▌感謝： 本書承蒙高一峰的家屬高燦先生授權圖片，以及藝術家出版社團隊提供協助，特此致謝。

家庭美術館／美術家傳記叢書

大漠‧鄉野‧高一峰

蕭瓊瑞／著

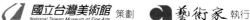

發 行 人｜梁永斐
出 版 者｜國立臺灣美術館
地　　址｜403 臺中市西區五權西路一段 2 號
電　　話｜（04）2372-3552
網　　址｜www.ntmofa.gov.tw
策　　劃｜蔡昭儀、何政廣
審查委員｜黃冬富、謝世英、吳超然、李思賢、廖新田、陳貺怡
　　　　｜潘　襎、高千惠、石瑞仁、廖仁義、謝東山、莊明中
　　　　｜林保堯、蕭瓊瑞
執　　行｜林振莖
編輯製作｜藝術家出版社
　　　　｜臺北市金山南路（藝術家路）二段 165 號 6 樓
　　　　｜電話：（02）2388-6715‧2388-6716
　　　　｜傳真：（02）2396-5708
編輯顧問｜謝里法、黃光男、林柏亭
總 編 輯｜何政廣
編務總監｜王庭玫
數位後製總監｜陳奕愷
數位藝術製作｜林芸瞳、陳柏升
文圖編採｜王郁棋、史千容、周亞澄、李學佳、蔣嘉惠
美術編輯｜吳心如、王孝嫩、張娟如、廖婉君、郭秀佩、柯美麗
行銷總監｜黃淑瑛
行政經理｜陳慧蘭
企劃專員｜朱惠慈

總 經 銷｜時報文化出版企業股份有限公司
　　　　｜桃園市龜山區萬壽路二段 351 號
電　　話｜（02）2306-6842

製版印刷｜欣佑彩色製版印刷股份有限公司
裝　　訂｜聿成裝訂股份有限公司

初　　版｜2021 年 11 月
定　　價｜新臺幣 600 元

統一編號 GPN　1011001292
ISBN　978-986-532-388-2

國家圖書館出版品預行編目資料

大漠‧鄉野‧高一峰／蕭瓊瑞 著
-- 初版 -- 臺中市：國立臺灣美術館，2021.11
160面：19×26公分（家庭美術館.美術家傳記叢書）

ISBN　978-986-532-388-2　（平裝）

1.高一峰　2.畫家　3.臺灣傳記

940.9933　　　　　　　　　　　110014854